红色广东丛书

广东中央苏区

梅县革命简史

中共广东省委党史研究室
中共梅州市委党史研究室
中共梅县区委党史研究室

编著

SPM
南方出版传媒
广东人民出版社
·广州·

图书在版编目（CIP）数据

广东中央苏区梅县革命简史 / 中共广东省委党史研究室，中共梅州市委党史研究室，中共梅县区委党史研究室编著. —广州：广东人民出版社，2021.6

（红色广东丛书）

ISBN 978-7-218-15004-8

Ⅰ．①广…　Ⅱ．①中…②中…③中…　Ⅲ．①中央苏区—革命史—梅县　Ⅳ．① K269.4

中国版本图书馆 CIP 数据核字（2021）第 087332 号

GUANGDONG ZHONGYANG SUQU MEIXIAN GEMING JIANSHI

广 东 中 央 苏 区 梅 县 革 命 简 史

中共广东省委党史研究室
中共梅州市委党史研究室　编著
中共梅县区委党史研究室

出 版 人：肖风华

责任编辑：沈海龙　王智欣
封面设计：河马设计　李卓琪
责任技编：吴彦斌　周星奎
排版制作：广州市广知园教育科技有限公司

出版发行：广东人民出版社
地　　址：广州市海珠区新港西路 204 号 2 号楼（邮政编码：510300）
电　　话：（020）85716809（总编室）
传　　真：（020）85716872
网　　址：http://www.gdpph.com
印　　刷：广东鹏腾宇文化创新有限公司
开　　本：787 mm × 1092 mm　1/16
印　　张：10.5　　　　字　数：110 千
版　　次：2021 年 6 月第 1 版
印　　次：2021 年 6 月第 1 次印刷
定　　价：38.00 元

如发现印装质量问题，影响阅读，请与出版社（020 — 85716849）联系调换。
售书热线：（020）85716826

《红色广东丛书》编委会

《广东中央苏区革命简史》编委会

主　任：陈春华

副主任：刘　敏　邓文庆

编　委：姚意军　张启良

《广东中央苏区梅县革命简史》编辑部

主　编：连焕荣

编　辑：陈标君　林柿华　李秋云

总　序

百年征程波澜壮阔，百年大党风华正茂。习近平总书记在党史学习教育动员大会上指出："我们党的一百年，是矢志践行初心使命的一百年，是筚路蓝缕奠基立业的一百年，是创造辉煌开辟未来的一百年。"翻开风云激荡的百年党史，一代又一代中国共产党人，用鲜血和生命浸染了党旗国旗的鲜亮红色，书写了可歌可泣的历史篇章，铸就了彪炳史册的丰功伟绩。一百年来，党的红色薪火代代相传，革命精神历久弥坚，红色基因已深深根植于共产党人的血脉之中，成为我们党坚守初心、永葆本色的生命密码。

广东是一片红色的热土，不仅是近代民主革命的策源地，也是国内最早传播马克思主义、最早成立共产党早期组织的省份之一。在新民主主义革命的漫长历程中，广东党组织在中共中央的领导下，发动、组织和领导广东人民开展了一系列广泛而深远的革命斗争。1921年，广东党组织成立后，积极开展工人运动、青年运动，并点燃农民运动星火。

第一、二、三次全国劳动大会连续在广州召开，全国工人运动的领导机关——中华全国总工会在广州诞生。中国社会主义青年团第一次全国代表大会在广州召开，促进了全国团组织的建立、发展。在"农民运动大王"彭湃领导下，农潮突起海陆丰影响全国。

1923年，中共中央机关一度迁至广州，中国共产党第三次全国代表大会在广州召开，推动形成了第一次国共合作，建立了国民革命联合战线，掀起了大革命的洪流。随后，在共产党人的建议下，黄埔军校在广州创办，周恩来等共产党人为军校的政治工作和政治教育作出了重要贡献，中国共产党也从黄埔军校开始探索从事军事活动。在共产党人的提议下，农民运动讲习所在广州开办，先后由彭湃、阮啸仙、毛泽东等共产党人主持，红色火种迅速播撒全国。1925年，广州和香港爆发省港大罢工，声援五卅运动，成为大革命高潮时期一个十分引人注目的重要斗争。1926年，在统一广东革命根据地后，国民革命军在广州誓师北伐，以共产党员为骨干的北伐先锋叶挺独立团所向披靡，铸就了铁军威名。在北伐战争胜利推进的同时，广东共产党组织和党领导的革命队伍迅速扩大和发展，全省工农群众运动也随之进入高潮。

1927年"四一二"反革命政变以后，广东共产党组织在全国较早打响反抗国民党反动派血腥屠杀的枪声，广州起义与南昌起义、秋收起义一起，成为中国共产党独立领导中国革命、创建人民军队的伟大开端。随后，广东党组织积极探索推进工农武装割据，在海陆丰建立第一个县级苏维埃政权，并率先开展土地革命，开启了中国共产党领导人民进行的最重大的社会变革。与此同时，广东中央苏区逐步创建和发展起来，为中国革命的发展作出了不可磨灭的贡献。1931年，连接上海中共中央机关与中央苏区的中央红色交通线开辟，交通线主干道穿越汕头、大埔，成功转移了一大批党的重要领导，传送了重要文件和物资，成为土地革命战争时期党的红色血脉。1934年，中央红军开始了举世瞩目的长征，广东是中央红军从中央苏区腹地实施战略转移后进入的第一个省份，中央红军在粤北转战21天，打开了继续前进的通道，成功走向最后的胜利。留守红军在赣粤边、闽粤边和琼崖地区进行了艰苦卓绝的游击战争，高举红旗永不倒。

抗战全面爆发后，中共中央和中共中央长江局、南方局十分重视和加强对广东党组织的领导，选派了张文彬等大批干部到广东工作。日军侵入广东以后，广东党组织奋起领导广东人民开展敌后抗日游击战争，成立了东江纵队、琼崖纵队、珠江纵队、广东人民抗日解放军、南路人民抗日解放军和韩江纵队等抗日武装，转战南粤辽阔大地，战斗足迹遍及70多个县市。华南敌后战场成为全国三大敌后抗日战场之一，党领导的广东人民抗日武装被誉为华南抗战的中流砥柱。香港沦陷以后，在中共中央的领导和周恩来等人的精心策划安排下，广东党组织冲破日军控制封锁，成功开展文化名人秘密大营救，将800多名被困香港的文化名人、爱国民主人士及家眷、国际友人等平安护送到大后方，书写了抗战史上的光辉一页。

解放战争时期，在中共中央的领导下，华南地区大力开展武装斗争，开辟出以广东为中心的七大块游击根据地，成立了中国人民解放军琼崖纵队、粤赣湘边纵队、闽粤赣边纵队、桂滇黔边纵队、粤中纵队、粤桂边纵队和粤桂湘边纵队等人民武装，其中仅广东武装部队就达到 8 万多人，相继解放了广东大部分农村，在全省 1/3 地区建立起人民政权，为广东和华南的解放创造了有利条件。在广东党组织的配合下，人民解放军南下大军发起解放广东之役，胜利的旗帜很快插遍祖国南疆。

革命烽火路，红星照南粤。广东见证了中国共产党从新生到大革命、土地革命，再到抗日战争、解放战争等革命斗争全过程。其间，毛泽东、周恩来、刘少奇、朱德、邓小平、叶剑英、彭德怀、刘伯承、贺龙、陈毅、聂荣臻、徐向前、李富春、粟裕、陈赓等老一辈革命家和李大钊、蔡和森、瞿秋白、陈延年、彭湃、叶挺、杨殷、邓发、张太雷、苏兆征、杨匏安、罗登贤、邓中夏、恽代英、萧楚女、阮啸仙、张文彬、左权、刘志丹、赵尚志等一大批革命先烈都在广东战斗过，千千万万广东优秀儿女也在革命斗争中抛头颅、洒热血，留下了光照千秋的革命历史和革命精神。广东这片红色热土，老区苏区遍布全省，大大小小的革命遗址分布各地，留下了宝贵而丰厚的红色文化历史遗产。

习近平总书记强调，中国革命历史是最好的营养剂。重温这部伟大历史能够受到党的初心使命、性质宗旨、理想信念的生动教育，必须铭记光辉历史、传承红色基因。我们有责任把党领导广东人民进行革命斗争的光辉历史和伟大功绩研究深、挖掘透、展示好，全面呈现广东红色文化历史，更好地以史铸魂、教育后人，让全省人民在缅怀英烈、铭记历史中汲取砥砺奋进的强大力量，让人们深刻认识红色政权来之不易，新中国来之不易，中国特色社会主义来之不易，确保红色江山的旗帜永远高高飘扬。

为充分挖掘广东红色文化资源的丰富内涵，我们组织省内党史、党校、社科、高校等专家学者，集智聚力分批次编写《红色广东丛书》。丛书按照点面结合、时空结合、雅俗结合原则，分为总论、人物、事件、地区、教育五个版块。总论版块图书，主要综述中国共产党在广东的革命斗争历史概况，人物版块图书主要讴歌广东红色人物，事件版块图书主要论说党领导广东人民开展革命斗争的历史事件，地区版块图书从地市和历史专题角度梳理广东地域红色文化，教育版块图书着力打造面向青少年及党员的红色主题教材。丛书以相关的文物、文献、档案、史料为依据，对近些年来广东红色文化资源研究成果做了一次全面系统梳理，我们希望这套丛书能为党史学习教育、革命传统教育、爱国主义教育提供重要内容支撑。

一切向前走，都不能忘记走过的路，走得再远、走到再光辉的未来，也不能忘记走过的过去，不能忘记为什么出发。站在"两个一百年"的历史交汇点上，我们要更加坚定自觉地学史明理、学史增信、学史崇德、学史力行，赓续红色血脉，传承红色基因，以一往无前的奋斗姿态、风雨无阻的精神状态，推动广东在全面建设社会主义现代化国家新征程中走在全国前列、创造新的辉煌。

《红色广东丛书》编委会

2021 年 6 月

八角亭——梅县第一个中共支部（中共梅县支部）成立旧址

九里岌黄屋——广东工农革命军东路第十团团部旧址

星拱楼——东江工农红军总指挥部旧址

同怀别墅——红四军前委机关和军部驻地旧址

梅州学宫——红四军攻占梅城军部驻地、朱德演讲地旧址

金山顶——红四军攻打梅城战斗遗址

畲（坑）区苏维埃政府使用过的土地证（中央档案馆 藏）

1930年3月，松江区革命委员会枪毙反动劣绅布告

梅县抗日救国会出版的《救亡周报》（后改名为《救亡报》）

闽粤赣边纵队第一支队独立营和独三大队进城接管

蛟花堂——中共闽西南潮梅特委第六次执委扩大会议旧址

1949年5月4日，松源解放区各界群众在松源新圩隆重集会，庆祝人民解放军渡过长江、解放南京暨纪念五四青年节

（注：除已注明外，其余图片由中共梅州市梅县区委党史研究室提供）

目　录

后　记

前　言

　　梅县位于广东省东北部，东邻大埔，西接兴宁，南连丰顺，北承蕉岭，东北与福建上杭、永定毗连，西北与平远接壤。总面积2482平方公里。梅县在地理位置上是闽粤赣三省到潮汕、香港、澳门的重要通道，在经济、政治、军事等方面都具有重要的战略地位。

　　梅县历史悠久。新石器时代，人类就在此繁衍生息。春秋战国时为南越地。秦汉时为南海郡揭阳县地。晋、南朝宋时为海阳县辖境。南朝齐时为纪念乡贤程旼（旼），海阳县分置程乡县，为梅县制之始。南汉乾和三年（945年），程乡设敬州，仅领程乡一县。北宋开宝四年（971年），因避宋太祖赵匡胤祖父赵敬之讳，改敬州为梅州，仍领程乡一县。明洪武二年（1369年）废梅州，程乡县隶属潮州府。清雍正十一年（1733年），程乡县升为直隶嘉应州，统领兴宁、长乐（今五华）、平远、镇平（今蕉岭）四个县，连同嘉应本属（原程乡县），称为嘉应五属。辛亥革命推翻清朝后，嘉应本属复名梅州。民国元年（1912年）废除州府制，改称梅县。中华人民共和国成立后仍称梅县。2013年10月，撤县设区，改称梅县区。

梅县人民勤劳勇敢，富有革命斗争精神，有悠久革命斗争历史。早在辛亥革命时，就有一批梅县籍海内外志士仁人，积极参加中国同盟会，出钱出力，追随孙中山革命。1919年，五四运动在北京爆发后，反帝反封建运动在梅县蓬勃开展，马克思主义开始在梅县的知识分子和青年学生中广为传播。

1921年，中国共产党成立后，革命活动更是开展得如火如荼。1923年8月，农民运动先驱彭湃带领骨干来梅，在西阳等地宣传农民运动，为后来农运斗争起到了先导作用。1924年1月，国共合作正式形成，给梅县及周边地区群众革命运动的发展创造了良好条件。

1925年，广东革命政府两次东征来梅，进一步扩大了无产阶级革命思想在梅县的传播，播下了革命的种子。1925年12月，成立中共梅县支部。1927年5月，中共梅县党组织发动"五一二"武装暴动，随后组建工农革命军东路第八团和第十团，进入武装割据、开辟农村革命根据地新时期。1928年5月，梅兴五丰埔暴动委员会（简称"五县暴委"）在九龙嶂成立，随后举行了震撼东江的畲坑暴动。随着潮安、揭阳等县的加入，"五县暴委"扩大为"七县联委"，古大存为书记。已撤离到香港的中共广东省委亦派人到九龙嶂重新取得联系，结束了1928年初以来各地党组织与上级联系中断、分散斗争的状况，各地的武装斗争又逐步开展并有了发展。

1929年10月，朱德等率红四军挺进粤东北，攻占梅县县城。

中共梅县党组织和民众积极配合红四军的军事行动。红四军进军粤东北，有力推动了梅县等粤东北县区红色政权建设步伐，加快了土地革命进程，为创建粤东北苏区，实现闽粤赣中央苏区连成一片发挥了重要作用。

1930年2月，梅县在梅南成立梅县苏维埃政府，开展了轰轰烈烈的打土豪、分田地的土地革命。随着革命形势迅速发展，梅县苏区与粤东北、赣南寻乌（旧称寻邬）县等地的赤色区域连成一片，并与赣南、闽西各县边界相通。1930年12月，梅县和丰顺党组织组成中共丰梅县委，隶属闽粤赣特委西北分委领导，所属区域成为中央苏区后方根据地。1932年3月，闽西苏区与江西苏区打通。位于闽西苏区和江西苏区之间的梅县，成为中央苏区连片区域。由于地处闽粤赣联结枢纽的战略位置，国民党军加大军事力量，包括梅县在内的粤东北苏区由中央苏区后方逐渐变为前沿，斗争更为艰苦残酷。梅县苏区人民配合中央苏区反"围剿"战争，前赴后继，英勇战斗，不断打击敌人。梅县苏区人民为中央苏区创建、发展和巩固付出巨大牺牲，作出了积极贡献。

抗日战争期间，梅县人民积极开展抗日救亡活动，爱国青年踊跃参军参战，海外华侨纷纷捐钱捐物支援抗战，许多华侨青年回国奔赴延安抗大和参加各地的抗日游击队，为抗日战争作出巨大贡献。

解放战争期间，中共闽粤赣边区工委确定以粤东为重点、先粤东后闽西南的战略方针，在梅县周围边界先后建立五个边县委和武装队伍，开展声势浩大的游击战争。经过三年艰苦卓绝的斗争，终于粉碎敌人重点进攻、"十字扫荡",摧毁国民党区乡反动政权,促成了国民党粤保十二团和梅县县政府于 1949 年 5 月 17 日和平起义。至此,梅县城乡全面解放。其后开展抗击胡琏残部窜扰的斗争,将南窜的胡琏残部全部赶出梅县。全县军民满怀胜利的喜悦,迎来了中华人民共和国的诞生。

铭记历史,继往开来。梅县苏区革命历史记录了中国共产党在梅县奋斗的光辉历程,作为党的历史经验的总结,是一笔极为宝贵的精神财富。如今,这一宝贵财富已沉淀形成了梅县特有的红色人文资源。

《广东中央苏区梅县革命简史》如实记述和呈现了梅县苏区革命斗争历史,是在《中国共产党梅县地方史·第一卷(1919—1949)》基础之上进行深化研究的成果。此书的编纂出版,必将更好地宣传梅县苏区历史,进一步激励梅县人民牢记光辉历史,传承红色基因,弘扬红色文化,同心筑梦新时代,携手奋进新征程。

第一章
党组织的创建与大革命时期

第一节　中共梅县地方组织的建立

一、辛亥革命前后概况

（一）社会现状

经济发展落后。1840 年，英国发动鸦片战争，梅县自然经济受到严重破坏。19 世纪末 20 世纪初，梅县地租和高利贷比历朝更加严重，一般田租是租六佃四，高利贷是借一担还三担；此外，苛捐杂税名目繁多。加上光绪三十年至三十一年（1904—1905 年）遭灾，光绪三十二年（1906 年）鼠疫流行，农民破产者甚众，生活极度贫困，纷纷出走南洋，有的被当"猪仔"出卖。从光绪二十三年至三十三年（1897—1907 年），梅县先后有 3000 人被当"猪仔"卖到南洋各地，成为契约华工。

民众生活贫苦。梅县居民绝大部分操客家方言。全县有少数民族 10 个，以畲族、瑶族为主，主要分布在边远山区。中华人民共和国成立时全县共 101500 户，417203 人，农民占 95%以上。在封建制度束缚和压迫下，农民既要承受高利贷盘剥，又要负担苛捐杂税，生活极为困难。

文化底蕴深厚。梅县素有崇文重教传统。明朝之后，梅县兴学之风日盛，逐渐形成"宁愿挑担卖柴做苦力，也要供子女读书"的传统风尚。明清时期，梅县城乡都有私塾、社学、书院、学宫等，以私塾为多。清朝规定嘉应州秀才名额仅30多名，而投考者多达5000余人。民国初年，新学运动兴起，提倡废科举、办新学，黄遵宪、温仲和是代表人物。女诗人叶璧华、梁浣春提倡办女子学校。1903年，黄遵宪创立嘉应兴学会议所，在东山书院设立东山初级师范学堂。松口梅东书院改为松口高等小学堂。牧师凌高超创办乐育中西学堂。辛亥革命后，全县城乡办学蔚然成风，教育事业兴旺发达。

政治腐败。从光绪末年至宣统年间，清廷开始在梅县派驻军队，设保安（团防）总局，各乡保则有官府与豪绅设立的民团（团练）武装，防止和镇压人民反抗。

此外，帝国主义不断加强对中国军事、政治、经济和文化等方面的侵略，社会矛盾异常尖锐。梅县各阶层都要求推翻清政府封建腐朽统治，纷纷响应和参加孙中山领导的资产阶级民主革命。从1900年起，爱国华侨谢逸桥、谢良牧就开始追随孙中山"澄清天下"。1903年，旅暹华侨伍佐南协助孙中山筹组中华会所。1905年，谢逸桥、谢良牧、温靖侯等在日本协助孙中山筹建中国革命同盟会，出席同盟会成立大会。1906年1月，他们受孙中山派遣回国宣传革命，发展壮大同盟会，为梅县光复开展工作。

（二）梅县光复

1911 年 10 月 10 日，武昌起义举行，辛亥革命开始。梅县革命党人钟动在武昌起义之前奉同盟会之命，偕同曾勇甫秘密返梅推进梅县光复，机关设在冷甫诗社。武昌起义胜利后，革命党人认为光复梅县时机已到，钟动、曾勇甫等革命党人说服驻防梅县的巡防营营长管带，争取全营官兵反正。11 月 12 日，梅县实现和平光复。梅县司令部命令所属 36 堡每堡选派 2 人为代表到县城成立议会，改嘉应州为梅州，选举卢耕甫为州长。梅县光复是辛亥革命的组成部分，推翻了封建制度，建立了共和制度，传播了民主共和理念，推动了当地的社会变革。

二、新文化运动在梅县

"思想启蒙的新文化运动成为引发社会大变动的先导。"新文化运动初期，梅县亦与全国各地一样提倡民主与科学，随后掀起宣传俄国十月革命和马克思主义的热潮。

梅县教育发达，《新青年》《每周评论》《新潮》等进步书刊传播广泛，特别是《新青年》在各中小学师生中广泛传阅。许多中小学成立学生自治会，积极协助学校推行民主主义文化教育，提倡新文化，推广白话文。

梅县县立第一高等小学积极向学生宣传革命思想：1919 年秋，

校长杨捷要求安排每周学习《新青年》一次，学生背诵陈独秀《敬告青年》；庄劲民等国文老师还给学生介绍俄国十月革命和五四运动情况。1920 年，学校将《敬告青年》《庶民的胜利》《我的马克思主义观》3 篇文章作为补充教材；学生自治会负责人朱云卿制作黑板报，大力宣传新思想、新文化。

1921 年 5 月，庄劲民编印《梅县县立第一高等小学校第五、七两届秋季学生文选》，宣传民主、科学、新文学。畲江三堡彬文学校（后称畲江公学）建立学校图书馆，购进《新青年》《新潮》等刊物。1922 年，石扇高级小学组织剧社演出白话剧《少年漂泊者》。广益中学学生朱仰能发表《改良祭祀之我见》，反对封建迷信。1924 年春，广益中学掀起反对帝国主义文化侵略的"广益风潮"，学校当局勾结反动军警进行镇压，200 余名学生被驱赶并开除出校。1924 年冬，学艺中学《互助半月刊》登载学生刘锦清的文章，对广州商团武装叛乱事件进行了有力抨击。

1925 年，学生界演出独幕话剧《蟹》，讽刺军阀横暴统治。12 月，梅州中学图书馆购入《学生杂志》《东方杂志》《妇女杂志》等进步杂志。《广益声》第四、五期合刊，刊登《从近世纪新思潮中诞生之妇女运动实现中国后对于梅县知识阶层妇女应讨论之方针》（张英麟著）和《我对于现在梅县女子界的批评》（谢和宗著），可以看出"梅县妇女解放、恋爱自由的呼声蓬勃"，还刊登译作《霉菌论》《日用化学》等文章，宣传科学常识。

新文化运动在梅县蓬勃发展，进步的革命刊物在人民的思想深处播下了革命种子，为五四爱国运动打下了良好的思想基础。

三、五四运动对梅县的影响和马克思主义在梅县的传播

在俄国十月革命和新文化运动的影响下，梅县已有进步思想的传播，广大知识分子、青年学生对袁世凯卖国行为表示极大的愤慨，强烈反对袁世凯签订卖国的"二十一条"，开展宣传活动。

五四运动消息传到梅县后，梅县立即掀起支持和声援北京等地爱国运动的风潮。广东省立梅州中学和私立东山中学首先召集广益中学、乐育中学、梅县县立师范、梅县县立女子师范等学校的学生代表，在梅州中学举行演讲会，报告五四运动情况。

1919年5月14日，岭东学生联合会在汕头成立。梅县也成立以梅州中学、乐育中学学生为骨干的岭东学生联合会梅县支会和以东山中学、广益中学学生为骨干的梅县学生联合会，发动各区立小学配合起来开展爱国运动。5月17日，梅城、丙村、松口、西阳、畲江等大圩镇的学校学生分别举行化装大游行。5月21日，梅县学生联合会发表通电："曹章卖国，死有余辜，乞电北廷严惩，并巴黎专使誓争回青岛。不达目的，宁退出和会，勿签字。"

五四运动期间，青年学生声势浩大地开展抵制日货行动。暑假期间，梅县学生联合会、岭东学生联合会梅县支会及各校学生自治会组织师生演出《焚曹击章》《誓雪国耻》《亡国恨》等白话戏；同时上街进行爱国宣传。这场以学生为主体的爱国运动持续三四年之久，遍及梅县每一个角落。

随着五四运动的深入和马克思主义的传播，叶浩秀、刘标珮、

杨广存、杨雪如等进步青年学生开始接受马克思主义。1920年春以后，当他们到广州、北京等地大中专学校读书时，很快就加入中国共产党、社会主义青年团或广东新学生社组织，走上革命道路。相当一部分的师生提高了思想觉悟，为中国共产党在梅县的创立准备了条件，奠定了思想基础。

四、东征的胜利与群众运动的兴起

第一次东征。1924年1月，中国国民党第一次全国代表大会在广州召开，标志着以国共两党合作为基础的革命统一战线正式建立。国共合作的革命统一战线建立后，广州革命根据地更加巩固；但是，陈炯明得到英帝国主义和段祺瑞政府的支持，准备进攻广州，推翻革命政权。为了打破陈炯明反动企图，巩固广东革命根据地，进一步推动革命，谋求全国统一，广东革命政府决定东征讨伐陈炯明。1925年2月1日，在中共广东区委的帮助下，大元帅府发布总动员令，作了第一次东征部署，以黄埔军校师生为骨干，分左中右三路向惠潮梅进剿陈炯明叛军。粤军第二师在张民达、叶剑英领导下，从潮安出发，经丰顺隔隍、兴宁，于3月21日占领梅县城。张民达受命任梅州绥靖署督办，叶剑英为梅县县长，负责留守梅县。为了歼灭叛军，张民达师分兵两路向平远方向进击，叛军残兵逃往福建武平、江西寻乌，被逐出广东省境，第一次东征胜利。4月12日，周恩来率政治部人员和部分军校学生到达梅县。

第二次东征。1925年5月，广西军阀刘震寰和云南军阀杨希闵在广州叛变，东征军回师讨伐。陈炯明叛军卷土重来，占据东江潮梅地区。东征军在平定刘震寰、杨希闵叛军之后，广州国民政府任命蒋介石为总指挥，周恩来为总政治部主任，把所辖军队统一改编为国民革命军，组成3个纵队，进行第二次东征，消灭陈炯明叛军。第一纵队1.5万人，何应钦任队长，从惠州直扑潮汕地区；第二纵队1.2万人，李济深任队长，从平山淡水向海陆丰前进，攻取紫金；第三纵队6000人，程潜任队长，从龙门向河源进击，清除五华、兴宁、梅县、大埔之敌。1925年10月5日，东征军出发。10月28日，第三纵队抵达五华华城。10月31日，第三纵队占领兴宁县城。11月2日，第三纵队向梅县进击，3日顺利占领梅城。11月初，东征军派出冯铁裴师进入平远，另一路由程潜率部经大埔进入福建追歼叛军。11月14日，在距永定十余里处与叛军展开战斗，敌军一击即溃。至此，陈炯明叛军被歼灭，极少数残部亦被逐出广东省境，第二次东征胜利。

两次东征的胜利，打倒了陈炯明军阀势力的反动统治，扫除了政治障碍，加强了国共合作，推动了群众运动的发展。东征军每到一处，都积极向工人、农民、学生、商人进行思想政治教育，使民众不断觉醒。周恩来在梅县东较场千人大会上的讲话给广大群众留下深刻的印象。周恩来还参加梅县总商会东征祝捷大会。叶剑英在东山中学作《苏联的革命和新经济政策》的报告。东征军政工人员跑遍附城各学校，多次召集师生大会进行演讲。同时，东征军组织政工人员做社会调查，召开工农商学各界座谈会，帮助建立健全工会、农会组织。第一次东征后，成立理发工会。第二次东征后，成立缝衣、建筑、金银、印刷、织布、邮电、搬运、民船、旅业等16个行业工会。1925年冬，在东征军十一师政治部帮助下，梅县工会筹备会成立。1926年春，梅县总工会成立。

在革命风潮的影响下，学生运动日益高涨。1925年5月，广益中学两次爆发学潮。同年6月，梅县学界万人在东较场举行声援上海五卅惨案大会的示威游行。1925年7月，东山中学组织成立学生救国运动团。同年秋冬，梅县革命青年团成立，提出宣传社会主义、收回教育权的斗争任务。工农学生运动的迅猛发展，为梅县党、团组织的建立奠定了基础。

五、中共梅县支部的成立和党、团组织的发展

经过两次东征，国共合作进一步巩固，中共广东区委对梅县更为了解，对梅县更为重视。广州各种革命机关团体陆续派员到梅县开展工作。1925年10月，中共广东区委派中共党员张维以新学生社特派员的身份来梅开展工作，成立广东新学生社梅县分社，进而建立地方党、团组织。第二次东征后，驻梅国民革命军第十四师政治部主任洪剑雄以梅县为中心，在东江、兴梅一带开

展群众运动。同时，国民党广东省党部派出特派员詹展育（后加入中国共产党）来梅发展国民党组织。同年 12 月 8 日，国民党县党部在梅城成立，罗四维为常务执委，李世安为组织部部长，温卓峰为宣传部部长，侯昌龄为妇女部部长，肖人凤为工商部部长，王之伦为监委常委。实际上，这是一个以共产党员、共青团员和国民党左派为主构成的国共联合机构（李世安系中共党员，侯昌龄系共青团员，罗四维、温卓峰于 1926 年加入中国共产党）。

张维来到梅县后，担任东山中学、学艺中学的英文教师，在学生中传播进步思想，宣传新学生社纲领和广东学生运动史。洪剑雄率政工人员在梅城各学校与师生广泛接触，宣传革命道理，协同张维在南门八角亭成立新学生社梅县分社。从此，学生运动在党的领导下蓬勃发展。

新学生社梅县分社积极开展活动，发动青年学生订阅《向导》《新学生》等进步书刊，发展社员，扩大组织。在此基础上，1925年 12 月，张维、洪剑雄在梅城南门八角亭新学生社办事处共同介绍陈劲军、李仁华加入中国共产党，并于当天晚上在梅县公署洪剑雄处召开会议，建立中共梅县支部，张维任书记，陈劲军任组织委员，李仁华任宣传委员。会议决定四项工作任务：第一，迅速发展和扩大组织，在国民党县党部、县政府和工会、学生、妇女等组织中发展共产党员，在各党政群团中建立党的核心；第二，成立梅县总工会；第三，开展学生运动，成立梅县学生联合会；第四，以梅县女子师范学校（以下简称女师）为重点，积极开展妇女运动。

会后半个月，胡为（胡明轩）、肖啸安、蓝胜青、刘裕光、古柏、杨维玉、杨新年等人被吸收为中共党员，党组织迅速发展，至 1926 年春夏间，党支部已有党员 80 多名，中共梅县支部升格为中共梅县特别支部（以下简称中共梅县特支），由中共广东区委直接领导。1926 年春，蓝胜青回到兴宁建立党组织，随后梅县党组织向平远、蕉岭，江西寻乌、福建武平等地发展，先后建立党、团组织，梅县成为闽粤赣边区党的活动中心之一。

1926 年春夏间，张维到中共广东区委汇报梅县情况后，区委决定梅县党、团分别成立组织。同年 6 月，按照《中共广东区委关于两校（党和团组织）年龄分化问题的决定》，依照年龄和所负责的工作划分党团员，"二十岁以下入中学（共青团），二十至二十三岁兼大学（共产党），二十三岁以上完全归大学"。夏季，共产主义青年团梅县特别支部成立。同年 8 月间，梅县地区第一次团代表大会召开，决定成立共青团梅县地方委员会，辖广东梅县、兴宁、五华、蕉岭、平远和江西寻乌、福建武平等。1927 年 1 月，经中共广东区委批准，中共梅县特支升格为中共梅县部委，领导兴宁、五华、蕉岭、平远、寻乌、武平等县。

中共梅县党、团组织的建立、发展，有力地领导和推动全县工农运动，开创了革命新局面。

第二节　群众运动的发展及反对国民党右派的斗争

一、群众运动的发展

1925 年 12 月，中共梅县地方组织建立以后，各种革命活动在党的统一领导下迅速发展起来，为工农运动的发展创造了较好条件。

工人运动。中共梅县支部成立后，工人运动蓬勃开展。1926 年春，各行业工会成立后，随即成立梅县总工会，产生第一届总工会执委会，会址设在考院衙内（现华侨戏院）。1926 年 3 月，梅县总工会第二届工人代表大会召开，提出"取消包工制，实行三八制"的斗争任务，修改章程，改选总工会执委，梅县总工会引导工人从经济斗争转为政治斗争。总工会组织办夜校，教工人知识，上政治课，提高工人阶级政治觉悟；领导工人学生示威游行，提出"收回嘉应大学校舍""收回乐育中学校权"等革命口号，同时募筹资金支援省港大罢工；与学界共同组织北伐青年工作团，下乡宣传筹款，支援北伐。从此，梅县工人阶级走上政治舞台，成为革命主力军。

农民运动。第一次东征后，省港罢工委员会派两名梅县旅港工人回梅开展农民运动。1926年1月15日，中共广东区委和广东省农民协会在汕头设立广东省农民协会潮梅、海陆丰办事处。3月上旬，广东省农民协会执行委员会扩大会议召开，对各地农运工作作了部署。梅县党组织对农运进行具体研究，派员参加汕头农民运动训练班，培养农运工作骨干。7月，梅县农民协会筹备委员会成立，畲坑、梅西、大坪等地农民协会筹备委员会相继成立。8月，陈家谟到松口三井组织农民协会，会址设在五显宫，还成立农民赤卫队。至此，全县普遍建立农会组织。1926年冬，梅南中学党支部成立，逐步向农村发展党组织，建立农村革命根据地。随着农村党组织的壮大，中共梅南区委成立，领导梅南人民组织农民协会和建立农民赤卫队，梅南成为梅江两岸革命活动的中心。

妇女运动。国民党县党部成立时就设立了妇女部。1925年12月19日，广东妇女解放协会梅县分会（以下简称梅县分会）成立。梅县分会编印《梅县妇女》，开办妇女平民夜校，开展宣传，发展会员。至1926年4月，梅县分会会员达2000多人。同时，梅县分会在松口、丙村、西阳等地设立办事处，各区设立分会。1926年2月，张婉华（广东省妇女协会执行委员）、邓颖超（中共广东区委委员、国民党广东省党部妇女部秘书长）以国民党广东省党部潮梅特派员身份先后来梅活动，多次到梅县女师、东山中学、嘉善小学等处演讲，推动梅县妇女运动的发展。3月8日，梅县妇女解放协会在东较场举行三八国际劳动妇女节纪念大会，号召妇女为争取彻底解放而斗争。

学生运动。1926年春，孙文主义学会煽动广东省立第五中学新学生社支部分裂学生组织，把持梅县学生联合会。中共党组织决定成立全梅学生联合会总会。不久，该会自行解散，各校学生会仍加入梅县学生联合会。同年8月，中共党组织以教育局的名义举办小学教师训练班，结业时发展团员20多人，成立全县小学教师联合会，各圩镇也成立分会。

二、"五一二"工人武装暴动

1927年4月12日，蒋介石在上海发动反革命政变。4月15日，广东国民党当局在广州、汕头大举逮捕、屠杀共产党员和革命群众。梅县反动分子也随之猖獗。1927年3月，中共梅县党组织接中共广东区委紧急通知，大意是局势日紧，暂停信电往来，必要时区委当派专人联系。此后中共梅县党组织与上级党组织中断联系。同年4月中旬，中共梅县部委和团地委召开联席会议，决定组织工人武装暴动，夺取政权，成立梅县人民政府，把部委和团地委合并组成梅县武装斗争委员会（简称斗委），统一领导武装暴动。

斗委制定严密暴动计划，组织武装大队、侦察队和交通队，发动党、团员捐献武器，筹款购买枪支，秘密制造土炸弹，确定暴动以梅城为主，畲江、松口、丙村、西阳4个圩镇同时暴动，邻县兴宁、五华也同时配合暴动。1927年5月12日下午，梅城工人总暴动开始。按计划，十多名敢死队员化装分散进入县警驻地，趁县警队、保安队吃晚饭之机，缴了敌人枪械；同时佯装敬烟点火解决了县署敌门哨，智擒敌县警长，共缴手提机关枪1挺，长短枪200多支。敌人缴械投降，县长逃亡，暴动成功。畲坑、松口、丙村、西阳等圩镇也举行暴动，并取得成功。13日，梅城举行群众庆祝大会，成立梅县人民政府委员会。同日，畲江、松口、丙村、西阳等地亦召开群众大会，成立各区人民政府。

"五一二"工人武装暴动具有重要的意义。第一，它由共产党领导，是有领导、有组织、有计划的革命武装暴动。第二，它是以夺取梅城、重要圩镇政权为目标，以工人武装为主体，农军配合的工农武装暴动。第三，它爆发的时间早、范围广、规模大，是全省讨蒋起义32个暴动中较早的暴动。第四，发动面广，以工人为主力，农民、学生、教师、商人等参与。"五一二"工人武装暴动揭开了梅县武装反抗国民党反动派的序幕，是梅县土地革命的前奏。

第二章
土地革命战争时期

第一节　工农革命军的建立
和武装斗争的开展

一、策应南昌起义及工农革命军的建立

1927 年 7 月 15 日，汪精卫等控制的武汉国民党中央，公开背叛国共合作政策的反帝反封建纲领，同蒋介石一样对共产党员和革命群众实行大屠杀，使大革命遭到惨重的失败。

在大革命失败的形势下，中国共产党继续高举革命的旗帜。大革命失败的惨痛教训，使中国共产党认识到掌握军队、以革命武装反对反革命武装的重要性。为了扭转大革命失败后的危局，挽救革命，中共中央于 1927 年 7 月间就已决定实施粤、湘、鄂、赣四省秋收农民暴动计划和举行南昌起义。8 月 1 日，中共前敌委员会（以下简称前委）书记周恩来和贺龙、叶挺、朱德、刘伯承等，领导党所掌握的国民革命军 2 万余人，发动南昌起义，打响了武装反抗国民党反动派的第一枪，开始中国共产党独立领导革命战争和创建人民军队的新时期，标志着土地革命战争的开始。

1927 年 8 月 3—5 日，起义军辖下的第九军、十一军、二十

军先后撤离南昌，南下广东。起义军南下广东，是中共中央的既定决策。中共中央认为，广东是大革命的策源地，不仅党组织经受了大革命风暴的考验，而且工农群众也经受了革命斗争的锻炼，因此决定迅速先取东江，充实力量，次取广州。在南下途中，前委又作出部署：先得潮汕、海陆丰，建立工农政权。所以中共中央和前委都对广东寄予厚望，将广东作为武装反击国民党反动派的主战场。为此，南昌起义军撤离南昌不久，中共中央即决令中共广东省委即刻以全力在东江接应。

根据中共中央指示，中共广东省委不失时机地做好策应工作。1927年8月20日，中共广东省委书记张太雷在香港主持召开中共广东省委会议，传达八七会议精神，同时正式成立中共广东省委，作出《中共广东省委拥护中央紧急会议之决议》，制定暴动计划。8月22日，中共中央又发出指示：第一，南昌起义军将迅速到达目的地，占领东江；第二，东江须立即举行广泛暴动，做好接应起义军的准备；第三，中共广东省委须立即派出交通员与起义军联系和带路。根据中共中央指示，中共广东省委立即派出同志到各地工作。中共广东省委派去潮梅工作的有蓝裕业、王克欧、叶浩秀、罗伯良等，他们8月下旬离开香港，9月初分别抵达大埔、梅县，张太雷还亲赴潮汕，直接指导潮梅的策应斗争。

"五一二"工人武装暴动后，梅县武装斗争委员会派陈启昌、古柏、杨雪如北上武汉找中共中央汇报情况。他们6月下旬到达武汉，在汉口中华全国总工会找到中共中央委员、后来出席八七会议并当选为中共中央临时政治局委员的苏兆征，经介绍再到中央两广委员会招待所、团中央汇报工作。中共两广招待委员会书记彭湃接见他们，指示他们立即回兴梅工作，任务是收编土匪张齐光部为第二方面军独立第九团，给委任状给张齐光任命其为团长；同时组织武装，迎接部队南下，重新建立革命根据地。他们接受中共中央任务途经寻乌时，得知当地群众基础较好，决定把古柏留在寻乌组织农民武装，准备在革命军回师广东时，率师来梅，配合革命军南下。陈启昌、杨雪如两人即回兴梅工作，根据中共中央指示，决定收编土匪张齐光部队。他们回到新铺时，即持第四方面军政治部发给张齐光的委任状去见张齐光，张齐光接委任状后，陈启昌、杨雪如要求他立即下山，攻打梅城，而张齐光却支吾应付，按兵不动。因此，杨雪如留下继续与张齐光谈判，未果，随后回梅。陈启昌负责组织自己的武装。为完成这一重大任务，陈启昌即到兴宁与蓝胜青和卢惊涛联系，传达中共中央指示精神，组织武装，配合起义军南下广东。

陈启昌、杨雪如奉命回到梅县后，迅速传达上级指示，开展策应起义军的工作，组织工农革命军。第一，迅速恢复党团组织。"五一二"暴动失败后，党团组织都从城镇转入农村秘密活动。中共梅县部委主要领导人刘标燊等因受国民党反动派通缉而各自分散隐蔽，原武装斗争委员会领导的暴动武装也疏散了。根据中共广东省委指示，中共梅县部委改组为中共梅县县委，中共蕉岭县九岭支部升级为中共蕉岭县九岭特别支部。兴宁、蕉岭、平远特别支部受中共梅县县委直接领导。李桃燊任中共梅县县委书记，曾衡为团县委书记。同时迅速恢复各区委和支部的联络活动。1927年冬，中共梅县县委秘密机关安定书室被敌人破坏，团县委书记曾衡及工作人员温士奇、陈循昌等被捕。为适应形势需要，根据中共广东省委指示，进行党、团改组，分署办公。改组后李桃粦仍是中共梅县县委书记，组织部部长杨雪如，宣传部部长王之伦，职工部部长朱子干，军事部部长肖文岳，委员陈甦赤、黄国材、林一青。团县委书记陈启昌，组织部部长杨维玉，宣传部部长古柏。通过改组，加强了中共梅县党团的领导力量。

第二，派出交通员，迎接南昌起义军入粤。中共梅县县委派肖文岳、杨凡随、蓝裕业，9月初从蕉平边入寻乌、赣南，带有介绍信和筹款5000元，到江西龙南后得知起义军已从会昌折入闽境，只好返回梅县。随后，王之伦、李德奇带领松口三井农民70余人到大埔三河坝迎接起义军。起义军向他们赠送了一批枪支弹药。起义军在闽粤边梅埔各地党组织和工农群众配合下，进展顺利。9月19日，起义军占领三河坝，23日占领潮州，24日占领汕头。

第三，发动武装暴动，组织工农革命军，策应起义军。陈启昌、杨雪如回到梅城后，委派肖向荣为联络员，负责联系兴宁工作。派杨维玉到丙村，王之伦到松口三井，林一青到西阳，他们则亲自到梅南联系郑天保、胡一声，组织各地武装，建立工农革命军，策应起义军。9月3日，兴宁农军在蓝胜青、刘光夏的领导下举行暴动，攻占兴城，缴获大批战利品，随后，队伍按原计划主动撤至永和湖尾乡，整编为广东工农讨逆军东路第十二团。9月9日，王之伦等组织发动梅县松口三井农民暴动，暴动成功后，成立广东工农讨逆军东路第八团。9月中旬，陈启昌与刘光夏等在兴宁兴凤寺集中兴宁农军，准备进攻梅城。而梅城尚有钱大钧残部 1 个连的兵力，为取得进攻梅城的胜利，陈启昌返回梅城与李桃粦联系，决定将潜伏在梅城的工人武装组织起来，配合兴宁农军攻打梅城。1927 年 9 月中旬的一个晚上，兴宁农军从兴凤寺出发，预定拂晓到达梅城，但到径心时因围缴国民党警卫队的枪支有所耽误，到南口时已天亮。恰遇敌军 1 个连开往兴宁，打了一场遭遇仗，农军仓促应战，终因装备太差、力量悬殊而被迫撤出战斗，向荷泗、梅南方向撤退，进攻梅城的计划遭到失败。陈启昌等随后把农军转移到农村帮助农民开展武装斗争。

南昌起义军在潮汕、三河坝战役失利后，根据八七会议精神和当时形势，决定继续领导暴动，建立工农革命军，推动土地革命，夺取政权，建立苏维埃。1927 年 11 月初，中共广东省委派叶浩秀为潮梅党务巡视员，传达贯彻中共广东省委和南方局联席会议精神。叶浩秀在中共潮梅特委郭瘦真等人陪同下，在梅埔边的桃源对门郭氏学校召开大埔、梅县、五华、兴宁四县党的负责人会议，出席会议的有 50 多人，传达联席会议精神，并对各县党组织进行改组，成立了各县县委，同时正式宣布成立各县工农革命军。梅县松口三井工农讨逆军改为工农革命军东路第八团，梅丰边九龙嶂工农讨逆军改为工农革命军东路第十团，兴宁工农讨逆军改为工农革命军东路第十二团，梅埔边农军改为工农革命军东路第十四团，并任命了各团的团长和党代表。工农革命军的建立，推动了武装斗争的发展。

二、以九龙嶂为中心的革命根据地的创建

1926 年冬，胡一声、郑天保回到梅县梅南家乡，得到各方的支持，把他们的母校龙文公学（高等小学）改为梅南中学，介绍原龙文公学教员吕君伟、黎学仁、熊光、古九成、胡志文、郑德云、郑国安等入党。同时，从广州调回廖祝华、吴锡巩到梅南中学任教，成立中共梅南中学党支部，书记廖祝华，校长吕君伟，副校长黎学仁。随后派吕君伟到南洋募捐，筹集办好梅南中学的经费。

1927 年 4 月 15 日，国民党反动派在广东举行清党反共大屠杀时，与胡一声同住的麻直被杀害，黄玉兰被捕坐牢，胡一声与韩文静从天台逃脱。5 月，两人逃往香港找到中共广东区委领导人之一、韩文静的爱人王逸常。见面后王逸常对胡一声说，中共广东特委（区委于 6—8 月改为特委）决定组织总暴动，要他赶快回梅县去准备武装，举行起义。按照王逸常指示，胡一声回到新塘圩，见到杨雪如、陈启昌、李仁华等。他们要求胡一声回梅南家乡去。因此，胡一声回到梅城安定书室，找到中共梅县县委书记李桃舞，李桃舞决定让胡一声回梅南中学去，以梅南中学为据点，准备武装，举行起义。不久，郑天保也回来了。他们在梅南中学实行革命教育，接收梅城、兴宁各中学因支持革命被开除的学生前来就读。胡一声讲授新三民主义和他在广州农讲所开办过的秘密训练班的主要内容，郑天保组织军事训练。同时秘密成立特别行动队（以下简称别动队），联合各乡的农会骨干实行"二五

减租"，号召农民不交租、不纳税、不还债及打倒土豪劣绅，积极收缴土豪劣绅家藏的枪支弹药，扩充武装队伍。

梅南革命斗争形势的发展，引起了国民党反动派的注意。地方反动头子朱君怀接管梅南中学，开除革命师生，遭到梅南中学全体师生的坚决反对后，勾结县政府及反动军队前来捕捉革命同志。此时正值八一南昌起义以及党中央八七会议以后，党中央确定了土地革命和武装反抗国民党反动派屠杀政策的总方针，号召党和人民继续革命斗争，发动了秋收起义，并决定组织工农武装，建立工农政权，进行土地革命。在梅南中学领导活动的郑天保、胡一声等，在敌人的包围下，决定撤出梅南，经中共梅县县委同意带领一部分武装到九龙嶂九里岌。邀请丰顺方面的领导张泰元、黎凤翔、邹玉成、邓子龙等到九里岌，商讨成立中共东江特委批准成立的广东工农革命军东路第十团的事宜，发动附近贫苦农民组织革命武装，建立革命根据地。

1927年秋，郑天保等吸收梅南和丰顺一带的群众200多人，建立广东工农革命军东路第十团，郑天保为团长兼军委主席，胡一声为政治委员，张泰元为副团长兼军委副主席。全团有300余人，分成3个中队和1个特务中队，团司令部在九里岌。中队分驻九龙嶂周围的甘子窝、葛肚里、牛战畲、浪荡石及其他小村庄，所需军用粮食多向梅南的水美、小桑等地的富农征收。除集中各乡长枪外，在九龙嶂建立兵工厂，制造单响步枪，以充实武装力量。从此，梅丰边九龙嶂革命根据地建立，领导粤东人民进行武装斗争。

广东工农革命军东路第十团（以下简称十团）成立之后，即以广东工农革命军东路第十团军事委员会的名义印发布告，揭露封建地主豪绅的黑暗统治而造成农民贫富不均的真相，宣传土地改革，买者不交租、不纳税、不还债，没收地主土地给贫苦群众的主张，提出"一切工农团结起来""一切工农武装起来，杀尽地主豪绅及其反动势力""实行土地革命，组织苏维埃政府"等口号，号召农民团结起来暴动，枪杀地主豪绅，围缴反动武装，实行土地革命，告示禁烟（鸦片烟）、禁赌等。梅县城郊及外乡地主违抗命令来梅南一带收租、追债、征税等，立即被革命军处决。梅南罗衣塔子角农民还杀了臭名昭著的大地主侯六世、钟八爷。此后，革命声势威震四方，外面传十团有数千人之多，使附近的反动军队大为震惊。

1927年12月初，十团开始向敌人开展武装斗争，首先出击梅南官塘圩警察所，处决为非作歹的警长王彰文和当地恶霸钟亚应，缴获全部枪支，取得胜利，鼓舞斗志，群众拍手称快。丰顺重镇潘田的地主勾结反动武装百余人，镇压当地农民。1928年1月24日（农历正月初二）早晨，十团出击潘田，在当地农民大力支持下，消灭民团百余人，缴获大批武器弹药，破仓分粮，占领镇公所，随后在潘田建立人民政权，恢复各乡农会组织。2月11日，十团第三次攻打丰顺县城丰良镇，丰顺农军3000多人配合，激战三昼夜，打得国民党县长冯熙周连发"十万火急"求援电报向上司求援，后国民党军从三个方向赶来救援，工农革命军撤回九龙嶂。

1928 年春，梅南中学又接收兴宁县立第二中学因闹学潮而被开除的学生 100 多人读书，他们中间有不少是党、团员，党组织更为扩大；随后成立中共梅南区委会，书记廖祝华、委员黎学仁等。接着中共松江、丙村区委成立，党组织有了很大发展。梅县的不少乡村都组织起赤色农会，梅南、罗衣、畲江、西阳、丙村、大坪、梅北、松源、尧唐、三井一带都有了农会。其中梅南发展最快，斗争的规模最大，是全县最为赤色的地区，成为梅县革命斗争活动的中心。

三、恢复东山中学、学艺中学的斗争

梅县的武装斗争在开辟以九龙嶂为中心的农村革命斗争根据地，实行土地革命的同时，继续在城市抓好同国民党反动派的斗争，重新建立共产党在学校的活动基地，组织学生群众，在敌人的眼皮底下开展尖锐的斗争。"五一二"暴动失败后，梅县学生联合会（以下简称梅县学联）被孙文主义学会所控制，东山中学、学艺中学、嘉应大学被封锁，共产党的活动基地完全丧失，党的主要任务就是为恢复东山中学、学艺中学而斗争，争取学生联合会的领导权。此时，刚好梅县县立师范学校（以下简称县师）校长许干寰到南洋募捐，校务由中共党员教务主任刘耀曾、训育主任曹昌贤主持，中共梅县县委即派秦元邦到该校任教，加强对国民党反动派斗争的领导，指导学生的政治活动，培养党的新生力量，为恢复东山中学、学艺中学的斗争作准备。

县师的学生在党的指导下，开展争取梅县学生联合会领导权的斗争，与女师、乐育中学、广益中学的进步教师和学生取得联系，经过斗争，使改选后的梅县学生联合会的领导权掌握在县师进步同学手中。

1928年1月，国民党驻梅三十二军军部与国民党梅县党部产生矛盾，而且日益尖锐。乘此机会，东山中学校友会、校董会亦联合发出宣言，揭露国民党反动派的种种罪行，并由东山中学、学艺中学、县师的学生四处散发，迫使三十二军军长钱大钧拘捕反动头子侯标庆，罢免侯昌龄县长职务。

随后，东山中学校友会、校董会又组织县师学生和失学的原东山中学、学艺中学的学生到三十二军请愿，要求恢复三校，终于在1928年春恢复了东山中学、学艺中学；嘉应大学则因师生散失而无法恢复起来。

恢复两校的斗争和农村的武装斗争是互相影响、互相推动的。由于激烈的学生运动，使敌人无法分身全力进攻农村，而农村的斗争又牵制了敌人的力量，不能全力对付城市，减轻了城市斗争的压力。

通过恢复两校的斗争，打乱了国民党梅县党部的阵容，分化瓦解了敌人之间的关系，打击了国民党反动派在群众中的威信，粉碎了敌人反共的阴谋。

四、"五县暴委"的成立与畲坑暴动

1928年2月9日，驻汕头市的中共潮梅特委机关被敌破坏，中共广东省委巡视员叶浩秀、潮梅特委书记蓝裕业等28名领导干部、交通员和其他工作人员被捕牺牲。梅县自1927年冬发生安定书室事件和次年接连发生扎田事件等后，党的革命事业接连遭受损失。为坚持斗争，扩大武装，在与上级中断联系的情况下，转移到各边县山区的各县委和工农革命军领导人通过自觉的联络和协商，组成和产生了各边县党组织。

1928年5月，工农革命军第十团团长郑天保派交通员前往八乡山，邀请工农革命军第七团团长古大存来商谈。古大存到九龙嶂后即与兴宁的刘光夏、丰顺的黎凤翔、大埔的罗欣然（一说张家骥）等取得联系，并于5月中下旬汇集在九龙嶂，召开梅县、兴宁、五华、丰顺、大埔五县党和工农武装负责人联席会议，决定成立梅兴五丰埔暴动委员会（以下简称"五县暴委"），推选古大存为主席，成员有郑天保、黎凤翔、刘光夏、罗欣然（一说张家骥）。暴动委员会下设军委，由古大存、李斌、刘光夏负责，古大存兼任军委书记。"五县暴委"的成立，扩大了梅县共产党的政治影响，在群众中树立起革命旗帜。此后，"五县暴委"决定以九龙嶂为梅州各县武装大本营，同时向铜鼓嶂、明山嶂、八乡山和兴龙北部山区发展，并准备组织发动畲坑暴动。

为取得暴动胜利，"五县暴委"抓紧暴动前的准备工作。首先是派人侦察畲坑周围的敌情、地形；其次是从第七团、十团、十二团抽调军事骨干近 40 人组成短枪突击队作为主力，同时把第十团分散隐蔽的长枪队集合起 100 余人作为后备队；再次是动员附近农民，秘密组织一支近 2000 人的没收队，随部队行动，以壮大声势。

1928 年 6 月上旬的一个圩日，由李斌、古宜权率领的突击队化装成赶圩的农民进入圩内；古大存、郑兴、刘光夏等率领的长枪队和没收队分别来到河边隐蔽待机。上午 10 时许，突击队向敌发出袭击，一阵猛打，毫无戒备的敌人便被缴了枪；但是，没过多久，另外两处未侦察到的敌人，从正面和侧面向突击队包围过来。李斌、古宜权一面指挥队员反击，一面派人向古大存报告。古大存即令长枪队迅速渡河投入战斗，没收队隔河摇旗呐喊。敌人以为工农武装后续大队来到，慌忙向北面高地退却，长枪队乘机反击，敌落荒而逃。整个战斗历时 2 小时，击溃国民党驻军、民团 300 余人，缴获长短枪数十支和物资一批。

畲坑暴动的胜利，使潮梅国民党反动派大为震惊，第二天就在梅县、汕头的报纸上大肆攻击谩骂。在香港的中共广东省委从报纸上得悉九龙嶂仍有武装在活动，不久便派梁大慈为特派员，到九龙嶂与各县党组织重新取得联系。失散在各地的同志 200 多人亦纷纷集结九龙嶂，革命队伍迅速壮大。不久后，揭阳、潮安两县工农武装负责人卢笃茂、张遇廉（张义廉）亦先后来到九龙嶂。经梅县、兴宁、五华、丰顺、大埔、揭阳、潮安 7 县中共县委负责人协商，决定在"五县暴委"的基础上成立中国共产党七县联合委员会（以下简称"七县联委"），古大存为联委书记。"七县联委"的成立，使各地党和武装组织在统一领导下得到较快恢复和发展，从而促进了以九龙嶂为中心的梅埔丰苏区的建立，为后来东江苏区的形成和发展作出了贡献。

第二节　梅县苏区的初创时期

一、整顿改组中共梅县县委

1928年夏的畲坑暴动取得胜利，兴梅农民斗争声势日益高涨。这一斗争的胜利扩大了共产党的政治影响。从此，兴梅各县的革命活动又与中共广东省委取得联系，在中共广东省委直接领导下进行斗争。

1928年7月上旬，中共广东省委巡视员梁大慈来到梅县，在梅蕉边的羊古数主持召开中共梅县县委扩大会议，整顿和改组中共梅县县委。会议总结检讨了扎田事件等以来的情况，批判和处分了县委原书记李桃粦、肖文岳、陈甦赤等县委领导人的错误做法，撤销肖文岳、陈甦赤两人职务，改组成立新的中共梅县县委，决定李毓华为县委书记，朱子干为组织部部长，黄国材为宣传部部长，张昌英为委员兼秘书。遵照中共广东省委的批评指示，加强了党的基层建设和发展农会工作，除县委委员驻区工作指导外，派出苏光等6位同志带领若干工作人员分别到梅南、九龙嶂、小桑、南顺、水美等地开展农民运动。要求各地党组织：第一，每个同志均需到贫农、农妇方面去活动，凡不肯去的开除；第二，只要贫农、农妇敢于反抗地主、太公、豪绅，就要发展入党；第三，引导他们工作，提拔他们加入党的各级领导机关。

此后，梅县党组织得到较快恢复和发展，先后成立了梅南、畲坑、松江、西阳、丙村、铜山等区委，同时组建了各区赤卫队。1928年10月，中共梅县县委书记李毓华脱离党组织去南洋，县委再度进行整顿改组，书记廖祝华，委员有熊光、朱子干、黄国材、林一青、李啸、黄龙广、李思绮等。改组后的县委在廖祝华领导下，纠正以往错误工作方针与做法，加大农村基层工作力度，且与九龙嶂的武装密切配合，全县党的各级组织得到快速恢复。新的县委对梅县革命斗争的复兴和发展发挥了重要作用。

二、中共六大精神的传达贯彻

（一）贯彻执行六大精神

1928年6月18日至7月11日，中国共产党第六次全国代表大会在苏联莫斯科召开。这次会议总结了大革命失败以来的经验教训，批判了右倾机会主义错误，也批判了"左"倾盲动错误，指出大革命失败后中国社会依然是半封建半殖民地社会，中国现阶段的性质仍然是资产阶级民主革命。当时政治形势是处在两个革命高潮之间，总的任务不是进攻，而是争取群众，积聚力量，准备暴动。大会制定了反帝反封建、实行土地革命、建立工农民主专政的革命纲领。这对后来革命的发展起了积极作用；但大会对促成革命高潮的路线策略，特别是对中国革命的长期性、建立红军武装和农村革命根据地的重要性等问题认识不足，仍然坚持以城市为中心，对党内存在的"左"倾思想未能根本肃清，因而影响后来的革命斗争。

中共六大结束后，至1929年秋，六大精神在全国各地得到了贯彻执行。1928年8月，中共中央委员、中共广东省委书记李源，深入东江视察工作。9月，李源在汕头市附近的桑浦山召开潮梅地区各县党的负责人会议，传达六大精神。他指出：第二次高潮尚未到来，我们的斗争方式必须改变，不能再搞暴动，不能硬拼硬打，必须善于发动群众，积极领导群众日常斗争，从低级做起，揭露豪绅地主反动军官的罪行，搞得他们惶惶不可终日，以壮大群众力量。然后引导群众以年成不好为由，提出减租减息，一直到抗租抗息斗争，同时结合组织地下武装，伺机行动。

1928年11月，中共广东省委专门召开省委二次扩大会议传达。会议提出，目前党的任务是争取群众，积聚力量，以准备在新的革命高潮到来时，夺取武装暴动的胜利，并部署了各方面的工作。中共东江特委派代表参加了会议。12月，中共东江特委、团东江特委召开联席会议，选举东江新的临委，讨论贯彻中共广东六大和中共广东省委二次扩大会议精神，决定派员到各县具体指导。随后，中共梅县县委召开县委扩大会议，传达贯彻中共六大和中共广东省委二次扩大会议精神，并作出有关决议。

（二）农村革命形势的发展

中共六大后，党领导农民进行了秋收斗争，农民运动很快恢复和发展起来，兴梅各县的革命形势已扩展到潮安平原城郊，八乡山根据地日益巩固，九龙嶂的武装也已发展和壮大起来。1928年秋，九龙嶂武装纷纷下山，深入农村，领导各乡农民开展秋收斗争。广大农民深受地主豪绅压迫剥削，一经发动便很快行动起来，开展斗争。梅南农民首先在罗衣塔子角杀死有名的租主侯六世、钟八爷等3人，接着白渡、梅西、松源、三井等地农民也相继起来杀死地主豪绅，开展抗租抗息斗争，致使地主豪绅纷纷逃往城市，再也不敢在农村为非作歹。同时，梅南的农民先后到栏林、罗田径和丰顺的大椹乡等地没收反动资本家的财物（约值3千银元），以抑其反动气焰，协助红军解决经济问题，从而使农民协会的组织由半公开走向公开，成为农村政权的基础。随后，在曲溪乡成立梅南区农会，会长卜增香，领导龙岗、曲溪、小桑、南顺、径尾5个乡农会。

南昌起义的南下大军在大埔高陂、三河一带与钱大钧、何应钦之敌激战后，主力已转移，留下一部分红军在梅埔丰三县交界处的铜鼓嶂、明山嶂一带山区活动，成立了中共铜山支部。1928年10月，以铜山支部为基础，成立铜山区革命委员会，主席叶雨金，副主席郑才文。铜山区革命委员会统一领导边界地区明山、铜山、铜南、埔西和丰北等地的革命斗争。该区早已在党的领导下先后建立乡村农民协会和乡村赤卫队，1928年秋收斗争后，组织迅速发展，成立了区模范队，这支武装队伍虽然枪支不多（仅十余支），但在乡村赤卫队的配合下，他们以大刀、标枪、鸟枪为武器，掀起了热火朝天的打土豪活动，镇压了大恶霸丘各皆、何锦兰等，又打败小都团防，缴获长枪9支，加强了该区革命力量，从此区模范队的游击活动更加活跃。

1927年9月，梅东的党组织已发展到9个支部，成立了中共松江区委员会，各村先后成立农民协会及农协执行委员会。1928年9月，在松江区委领导下成立松江区赤卫队，大队长黄公仁，成员有30余人，有枪十余支。赤卫队领导农民抗租抗税，打土豪，多次袭击隆文、松源、桃尧、三溪口等乡公所，武装迅速壮大，到1929年秋已有100多人，在黄寿山、乌子湖、珠玉坑一带进行游击活动。此外，白渡、巴庄和梅县的其他乡村亦有游击活动。

1928年冬，梅西的革命活动加强，特别是大坪，有共产党员洪献文、卢竹轩（黄槐）等领导组织了中共梅西区革命委员会，主席卢竹轩，委员有卢进攻等11人。9月，革命队伍在大坪枪毙大土豪颜德荣，绑杀了到大坪催粮的粮差。10月，革命队伍举行龙虎圩暴动，杀死龙虎警长洪石灵、梅西警长洪青敏，广大农民群众的革命情绪极为高涨。中共东江革命委员会派廖汉庭到大坪沙下屋主持成立梅西区联队，有武装100余人，大队长夜明，副大队长日光。梅西区联队成立后，配合各乡赤卫队，掀起了轰轰烈烈的打土豪活动。

1928年冬，工农革命军东路第十团在五华、丰顺、揭阳、兴宁、梅县之间游击活动，所到之处，敌人提心吊胆。在这种形势下，梅南由 5 个乡农会发展到 11 个乡农会（水车、安和、白沙、小桑、曲溪、南顺、蓝田、滂溪、耕郑、赤南、上下罗衣）。1929年春，梅县农民代表大会在梅南顺里村召开，成立了梅县农民协会，主席廖祝华（兼任县委书记），并成立梅县模范赤卫总队（又称梅县赤卫大队），总队长罗梓良。梅南成为东、韩江革命斗争的中心，中共东江特委、中共东江革委均驻梅南，指挥梅、丰、埔、华、兴等县的军事政治斗争。

这时，梅县地方党组织力量也有很大发展，全县有畲坑、梅南、西阳、松江、白渡 5 个区委，有松口、瑶上、大坪、南口、石扇、巴庄及附城染坊碾、水车 8 个独立支部，属区委领导的有45 个支部。共青团组织发展也很快。1929 年 2 月，团东江特委派员来梅县，在县城东山背油岩主持召开团代表会议，中共梅县县委书记廖祝华参加了会议，会议决定恢复和重建团县委，书记卢伟良，组织部部长林枫，宣传部部长郭潜，委员肖桐英、钟新皇、叶加伟、叶焰骥。此时，全县党、团员有 1200 余人。中共梅县县委与第十团武装配合，开展游击战争。1929 年 4 月，明山、甲坑、嶂明、竹小乡赤卫队 100 多人分三路进攻三乡团防驻地回灵宫，打死团丁 1 人，缴枪 7 支。5 月 2 日，梅南赤卫队五六百人分路攻打官塘、新塘、长沙。13 日，农民赤卫队又袭击西阳、白宫，毙西阳、白宫警卫班长 1 名，缴枪 12 支。此后，各地的赤卫队纷纷袭击畲坑、长沙、大坪、荷泗、石扇等地，皆获得胜利，尤其是最后一次长沙战斗，产生了重大影响。

梅南长沙圩是国民党最接近九龙嶂根据地的据点，也是他们后方的堡垒之一，经常驻有一个警卫中队。

由于敌人占据长沙，使得党的工作难于开展，敌要向官塘、水车骚扰，也常常从长沙出发。攻下长沙，则梅城之敌会暴露在工农武装面前。为了拔掉长沙之敌据点，进一步把工作扩展到梅城近郊，革命队伍决定攻打长沙。当时驻长沙警卫中队有个小队长和几个士兵是自己人，工农武装便决定以此有利条件直捣敌巢。

1929 年 5 月的一天，发动罗衣、梅南各乡群众数千人，以九龙嶂武装和当地赤卫队为主向长沙连夜进发。

由于队伍庞大，行动极为缓慢，未能如期到达指定地点，原进攻计划被打乱，而此时群众的情绪又极为高涨，不愿退却，最终决定继续前进。不料抵达岗哨时因口令不符，便接起火来，队伍立即登山和敌人展开激战。虽然人多，但只有几支土枪，其他都不是作战的武器，眼看天已放亮，再打下去对工农武装队伍不利，便决定撤退。敌人也十分恐慌，也在那天上午撤离到泮坑。

这次战斗敌我双方损失都不大，虽然没有达到预期目的，但政治影响很大，此后，敌人不敢驻长沙圩，劣绅、豪强、奸商、恶棍闻风丧胆，群众斗争情绪进一步高涨。农民纷纷参加红军，不断扩大革命的武装力量。梅县人民的武装斗争，在党的领导下不断走向高潮。

三、红军四十六团的成立

随着东江革命斗争形势的迅速发展，中共东江特委为了进一步贯彻党的六大和中共广东省委二次扩大会议精神，掀起东江革命斗争的新高潮，决定召开东江党代表大会。根据中共广东省委的指示，1929 年 6 月 18 日至 7 月初，在丰顺县黄礤召开东江党代表大会。党代表大会认为，在东江农村的斗争动辄走向武装冲突的局面之下，武装的组织与准备成为必要。应不断进行赤卫队及红军的组织、训练和武装。经请示中共中央同意，决定在东江范围内建立工农红军第六军，从第十六师第四十六团组织起。此前，于 1929 年 6 月，以梅县、兴宁、五华、丰顺、大埔 5 县原工农革命军第七团、第十团、第十二团和第十五团为主力 370 余人，成立红四十六团，团长李明光，政治委员先为丘宗海，红四军进东江后改为龚阶池担任。后来又整编梅埔丰边铜山区模范赤卫队，共 900 多人枪。7 月，在潮、普、惠组织成立红军第四十七团，在饶和埔成立红军第四十八团。10 月，正式成立东江工农红军总指挥部，中共东江特委军委书记古大存为总指挥。

红四十六团成立后，在总指挥古大存领导下，坚持在八乡山、九龙嶂、铜鼓嶂和明山嶂周围的梅埔丰边区、揭丰华边区等活动，对八乡山和梅埔丰苏区的巩固和发展作出重大贡献。

四、红四军来梅推动革命斗争的发展

（一）迎接红四军来梅

1929 年 4 月 1 日，中共中央曾致信朱德、毛泽东，就红四军行动方向问题提出，"摆在你们面前的出路有三条：一是仍向赣南发展……二是向闽西发展……三是向东江发展……这三条路究竟向哪一方面发展，实际情况如何，还应由你们决定"。此时，东江革命渐渐复兴。东江人民期望红四军的到来，帮助东江人民建立起自己的政权和强大的工农红军。

1929 年 6 月中旬，闽西红军前委派政治部主任陈毅到东江，商议红军进军东江事宜。陈毅一副商人的打扮，身穿黑裤褂，头戴西式草帽，通过敌军封锁线来到东江。陈毅来到后，中共东江特委在丰顺释迦山蓝寮子召开中共东江特委临时紧急扩大会议，中共东江特委书记林道文、东江工农革命武装总指挥古大存等均参加会议。陈毅带来红四军最近在福建打击敌人的情况和红四军准备到东江的消息。东江人民盼望已久的愿望将要实现，到会的同志都高兴地交谈着。会议根据东江的形势，讨论了今后的工作。

陈毅走后，中共东江特委继续分析当前形势，对红四军来东江的时间、路线，以及可能在东江流动的情况作了估计，并决定动员一切力量，在短短时间内，做好准备工作，配合红四军的到来。在组织上，中共东江特委把全东江划分为三个斗争区域，成立西北、西南、东南联席会议（简称联会）。西北七县联会指挥梅县、大埔、五华、丰顺、蕉岭、平远、兴宁七县，每县派一名负责同志参加联席会议；指派东江特委军委委员罗欣然（即阿罗）等代表，随陈毅一起到红四军集结地，配合红四军前委开展各项工作；指定梅县派员专门负责红四军前委与东委的交通联络；指定梅、蕉、平、兴四县派出向导到前委听候调遣。在军事上，命令驻大南山的红军四十七团立即开赴西北，以配合红军四十六团；各县立即进行破坏骚扰工作，尽可能地发动大小斗争，互相配合，以分散敌人力量，策应和配合红四军的军事行动。在政治上，准备红军到梅城后即颁布东江革命委员会关于执行土地政纲的布告；要求各地大力开展声势浩大的宣传鼓动工作，宣传共产党的政纲，开展土地革命，建立苏维埃政权，并号召敌军士兵倒戈加入红军。在后勤保障工作上，要求各地编备交通、救护、慰劳、运输等队伍；大量储备粮食；分路派出专人侦察敌军情况；建立后方医院和兵工厂等。

中共东江特委决定在梅南水美设立东江工农红军总指挥部，古大存任总指挥。梅县及各区建立革命委员会，开展扩大土地革命和建立苏维埃政权的宣传工作，发动群众，结合秋收，开展打土豪运动，大量储备粮食。与此同时，在九龙嶂脚下的万和山建立后方医院，在梅南顺里建立兵工厂、被服厂，在梅南水美举办红军军事政治学校①，还在梅南设立交通站。同时组织训练农民和

---

① 红军军事政治学校原设于马图，1929 年秋由马图迁往水美。

妇女以买卖东西作掩护，传递消息及侦察白军情况等。通过以上的准备工作，革命武装力量日益壮大，为红四军的到来做好组织、军事和后勤等方面的准备。

（二）红四军来梅历程

1929 年 10 月 19 日，红四军第一、第二、第三纵队共 6000 多人，在朱德、朱云卿率领下，从闽西挺进东江。10 月 22 日，红四军三个纵队集结于梅县松源，前委机关和军部驻设于同怀别墅。陈毅亦于 22 日抵达松源。当天晚上，红四军召开前委会议，由陈毅传达《中共中央给红军第四军前委的指示信》，即中央九月来信。

此时，敌陈维远部已集中松口。红军欲夺松口直达梅县城，走兴宁、五华路线已很困难，才决定由蕉岭、平远入兴宁到达东江赤色区域。这时，梅城没有敌正规部队守备，只有地方武装侯森的基干大队和警察。红军得知这一情况后，于 25 日早晨由蕉岭出发经三圳，9 时到达新铺，前锋与警卫队接触，俘虏敌军 4 人，生擒署长卢某。下午 3 时，经大浪口抵梅城附近，即与警卫队接触，由纵队司令员林彪率领的第一纵队以两连兵力对付敌军，经过 1 小时战斗，毙敌 20 余人，缴枪 30 多支。驻守梅城的基干大队和警察，听到红军临城的消息便弃城往兴宁方向逃走。晚上红军进入县城，中共梅县县委也于当晚从梅南搬进县城。

红军进城后，立即颁布署名毛泽东、朱德、古大存、刘光夏、陈魁亚、朱子干、陈海云为主席团的《东江革命委员会关于公布执行土地政纲的布告（第 177 号）》；接管反动政府机关，释放被关押的 200 多犯人（其中十多人是共产党员，其余大部分是政治犯）；维持城市秩序，召集梅城工商各界人士会议，筹集大洋 2.04 万元。地方党组织也派出党、团员协助红军政工人员做好宣传工作，他们到处写标语，向群众演说，宣传红军的政策和纪律。由于宣传工作做得好，第二天梅城就恢复了秩序，市场又照常营业。

1929 年 10 月 26 日下午 4 时，朱德在孔庙召开群众大会，到会群众有三四千人。朱德站在大成殿面前的石鼓上，用客家话向群众演说，讲清红军的政策和纪律，说明红军是共产党领导的工农子弟兵，介绍了红军的政治主张，号召大家武装起来，成立苏维埃政权等。至 5 时左右，正当群众听得入神的时候，尾随而来的陈维远部队跟防守城郊的红军排哨交火。为避免损失，红军决定撤出梅城。朱德对群众说："不要怕，红军很快会重返梅城的，革命是一定要成功的，以后再与大家相见。"[1]

散会后，朱德亲自率领部队从南门涉过河水干枯的程江，向百花洲、乌寥沙、大沙河唇、乌石头，向梅南方向转移至梅丰边山中休整。此时，红军得知刚从汕头运来 18 船枪支弹药放在李家祠，决定趁敌人南向扑空未归之际反攻梅城，消灭郭思演守敌，夺取枪支弹药后便回闽西中央苏区。

1929 年 10 月 31 日早上，红军把梅城东、西、北三面紧紧包围，以图全歼郭思演教导团。上午 10 时，红军发起攻击，守城敌

---

[1] 中共广东省委党史研究室、中共梅州市委党史研究室编：《红四军梅城战役史料汇编》，内部资料，1999 年，第 6 页。

军想从东门突围，给红军一击，龟缩回去，负隅顽抗。在红军经过新庙前时，恰逢一营敌人准备出发，便打了起来，在激战中击毙敌一副团长。激战几小时后，因地势对红军不利，缺口未能打开，便把攻击重点转移到金山顶。

金山顶是全城唯一制高点，敌团长郭思演亲自在这里指挥。当红军发起攻击时，敌人用密集火力封锁开阔地，阻止红军接近土岗。红军60多名突击队员在火力掩护下，迅速冲上城墙缺口，与敌人展开白刃战。这时，郭思演带着一支人马扑过来，登城的红军突击队员英勇地与敌人搏斗。郭思演正在指手画脚的时候，脸上被红军战士打中一枪，狼狈倒下。趁敌人一阵慌乱，红军在土岗上杀伤大量敌人。但由于红军后续部队被切断，突击队员终因寡不敌众，全部壮烈牺牲。罗荣桓率领第九支队攻打北门时，腰部受伤，由谭政等把他抬下火线。与此同时，在城东盘龙桥罗瑞卿所率领的1个营，打退从西阳向梅城增援的敌人1个营，击毙了敌营长。下午4时左右，敌人的援兵即将到来，红军为了保存实力，主动撤出战斗，按原定计划，向城北、大坪、梅西、平远进发，北上中央苏区。

（三）红四军来梅的深远影响

红四军来梅，虽然未能完成预定的战略任务，且损失较大，但对梅县的革命产生了重要的推动作用。

一是打击和震撼了敌人。敌陈维远部遭到较大打击，毙敌副团长1人，打伤敌团长1人，击毙敌营长以下官兵100余人；东江各处敌人被红四军所震慑，梅县警卫大队听到红四军攻城，即四散逃亡，反动军政要员也纷纷率家属逃亡。

二是推动了东江梅县革命武装的发展。红四军进东江后，给东江的部队传授战略战术和部队建设的经验，促进了东江红军的建设。朱德军长还把1个大队120多名红军留在东江，增强东江红军的骨干力量，后编入红军第四十六团、四十七团，并留下梁锡祜、谭汉卿等百余名政工参谋人员和伤病员，还拨给170支枪、2挺机关枪和一批弹药给东江红军，增强了东江红军的战斗力。红四军经过的地方，还大力武装当地的赤卫队。

三是扩大了共产党和红军的政治影响，提高了群众对共产党和红军的认识，使他们更加拥护党和红军。1929年10月26日下午，朱德在梅城孔庙向群众演说，使群众对党的性质、任务、政策等有了更加正确的理解。"在红军来之前，反动派说红军怎样杀人放火、抢东西，使市民非常恐慌。可是在红军到梅城后，行动上完全和反革命宣传的相反，红军到后群众出来看我们的很多，商家也开门做生意，红军中每连的宣传兵行动很有纪律……在政治上的确有很好的影响"，而且"不但贫苦工农群众受了红军的影响，倾向我们，找寻机会欲加入我们群众组织。即如城市的商人、学生也说红军比逆军好得多，共产党不错"①。

四是使红四军对本身存在的问题有了更深的认识，有利于此后古田会议的召开。红四军在大埔虎市和反攻梅县城受挫，收编

---

① 《西北七联会致西北各县指示信》(1929年11月15日)，中央档案馆、广东档案馆编：《广东革命历史文件汇集》甲31，内部资料，1984年，第2页。

的卢新铭旅俘虏兵绝大部分逃亡，使红四军领导层和广大干部认识到，中共七大以来毛泽东提出的纠正党内各种非无产阶级思想，加强党对军队的领导，加强思想政治工作，实行民主集中制，充分发动群众，建立和巩固农村根据地的主张是正确的。这为此后开好古田会议，确立"思想建党、政治建军"的原则打下了基础[①]。

红四军来梅，还推进了东江尤其是梅县游击战争的深入开展，加强了苏维埃政权的建设，加速了土地革命的进行；还密切了梅县等粤东北与闽西、赣南苏区的关系，为后来发展并融入中央苏区范围，为中央苏区的建设与巩固起到了重要作用。

五、土地革命的深入开展

（一）红色政权的建立

从1929年春至1930年上半年的一年多时间，是梅县土地革命全面深入发展形成高潮的阶段。农民群众已经充分发动起来，农会、妇女会、儿童团等群众组织普遍建立。1929夏，在建立农民协会、革命武装县模范赤卫总队的基础上，中共梅县县委领导民众进行创建革命政权的尝试，在梅南建立梅县革命委员会，主

---

① 王新生：《1929年10月红四军挺进东江行动新探》，《中国浦东干部学院学报》2020年2月25日。

席熊光。革命委员会是土地革命运动中的过渡性人民政权组织。梅县苏区已雏成。

1929年秋冬起，随着中共东江特委、东江革命委员会均驻梅南，指挥梅、丰、埔、华、兴、揭、潮等县的军事政治斗争，以九龙嶂根据地为核心的梅南地区便成为东江革命斗争的中心。梅县党、团组织在此时得到很大发展，为建立全县苏维埃政权、掀起全县革命高潮打下坚实基础。

1929年11月10日，梅南、畲坑率先成立区苏维埃政府，庄洪兰任梅南区苏维埃政府主席，钟文霞任畲坑区苏维埃政府主席。11月15日，西北七县联会即发出致西北各县指示信，要求以秋收斗争为中心，发动斗争，征集扩大红军和各级模范赤卫队，抓紧建立各级政权。12月5日，西北七县联会要求梅县继在梅南、畲坑成立区苏维埃政权外，在梅南之大密、小密、泗都、大竹，梅西之大坪、瑶上、石坑、李坑，梅北之石扇、巴庄，西阳之明山、新田、丹田、小都、黄竹洋、黄砂，梅东之宝坑、珠玉坑、尧东、尧西都应建立苏维埃政权，实行土地政纲。

红四军来梅及全县游击战争的深入发展，扩大了全县武装割据的区域，推动了红色政权的建立。1930年春，梅县工农兵代表大会在梅南顺里召开，到会代表200余人。大会宣布成立梅县苏维埃政府，主席熊光，县苏维埃政府下设军事部、财政部、文教部、卫生部、总务部和经济委员会、土改委员会及人民法院等部门。在此前后，全县大部分赤色区域都成立各级苏维埃政府。区级的有梅南区，主席庄洪兰；畲坑区，主席钟文霞；梅三区，主席刘民；梅西区，主席卢竹轩；松江区，主席刘和，副主席廖作（卓）；梅北区，主席石××。乡级苏维埃政府有56个。梅南区有水车、小桑、安和、白沙、滂溪、南顺、蓝田、蓝溪、罗田径、上罗和下罗11个；畲江区有第一乡（公和、五哇松），第二乡（松棚、黄塘肚），第三乡（双溪、莲江），第四乡（上坑、坝头），第五乡（印山、神前寨），第六乡（咸和、杉里），第七乡（松林、彰坑），第八乡（新化、大湖），第九乡（官铺、五官塘）共9个；梅三区（西丙）有明山、桃坪、白水、新田、双竹、竹小、黄沙、坪石8个；梅西区有均和、澄坑、琴江、澄江、礤下、龙凤、崇化、岭背、杨化、七珠、石赖、汤湖、大坪、马径和瑶上15个；梅北区有上村、中村、下村、南瑞和长田5个；松江区有松林、尧塘、桃源、桥市、珠玉、宝坑、桃培和三井（九乡）8个。

"五县暴委"和"七县联委"在九龙嶂成立后，革命形势好转，梅县、大埔、丰顺三县党的组织发展壮大，三县的红色政权也随着革命形势的发展迅速建立。1928年10月，梅县、大埔、丰顺三县代表在明山关肚里召开联席会议，成立铜山区革命委员会，统一领导三县边界明山、铜山、铜南、埔西、丰北等地区的革命斗争。1929年8月，成立梅埔丰边四区联队。红军四十六团和地方武装不断出击，同时给来犯之敌以沉重打击。至1930年春，梅埔丰苏区正式形成。

1930年5月1日，东江第一次工农兵代表大会在八乡山滩下庄屋坪隆重举行，并成立了东江苏维埃政府和中国工农红军第十一军。梅县有数十名代表参加，其中黄炎、熊光、朱子干、叶焰骥当选东江苏维埃政府执行委员，吕君伟、罗昭记为候补委员，黄炎、朱子干、叶焰骥为常委。大会同时正式宣布红十一军成立，军长古大存。

东江第一次工农兵代表大会胜利召开并成立东江苏维埃政府，使梅县军民对革命前途充满美好憧憬。红十一军的成立，是全东江人民在党的领导下，用革命武装反对国民党反动武装，经过艰苦奋斗流血牺牲取得的革命成果，标志着包括梅县九龙嶂在内的八乡山革命根据地为中心的东江苏区的正式形成。

（二）苏区的土地革命运动

土地革命是中共中央1927年八七会议上确定的总方针。1928年6月，党的六大又提出无代价的立即没收豪绅地主阶级的土地财产，没收的土地归农民代表会议（苏维埃）处理，分配给无地及少地的农民使用。1929年10月19日，中共东江特委作出《关于没收分配土地问题的决议》，并向各级党部发出通告，要求各级党部贯彻执行。当红四军进军东江时，又以东江革命委员会主席团的名义，发布《关于公布执行土地政纲的布告》，推动了粤东北地区土地革命运动的开展，得到广大群众的积极拥护，很快在各地贯彻执行。

梅县苏区在建立苏维埃政权的地方，均积极实行土地政纲，没收分配地主阶级的土地，对违抗苏维埃政府政令的不法土豪劣绅、不法地主分子给予坚决的镇压，以维护新生革命政权的权威。1929年冬至1930年春，全县在6个区56个乡苏维埃内开展了轰轰烈烈的土地革命运动。梅县苏区内有十多万人口分得了土地。其做法是：首先各乡苏维埃政权成立土地革命机构，推举或指定三至五人为土地委员，负责调查全乡村的土地。然后根据人口、土地面积做出按人平均分配计划，待分配方案确定之后，即召开乡民（或代表）大会，公布分田数量，宣布地主庙堂、寺产的土地无偿没收，分配给全体贫民，新分土地不得买卖或抵押。在做方案时，为防止人口变动，留有一部分公田，用公耕或采用四六或平均分成的办法进行经营，除耕作者所得外，其余交给乡村苏维埃政府。也有的独户经营或几家联合经营。在梅埔丰苏区，公田都是采取公耕的多。耕公田时，耕牛、农具自带，平时由赤卫队员看管，收割时由大家一起进行收割。

梅县苏区分田的基本做法一般都只是分田地，未评阶级。分配土地一般都以乡或村为单位，先没收尝田、租田，按人口平均分配，在原耕基础上抽多补少。分配数量各乡亦不相同，如梅南区水尾乡平均每人分得6分多田，丙村竹小每人分得1亩多，西阳三溪乡每人分得5分田。发给土地证的有梅南、畲坑等区，其余大部分区乡只造册张榜公布分配土地的地址和数量。

在梅南区，早在1928年2月，工农革命军东路第十团即以军委名义印发布告，宣传土地革命，提出买者不交租、不纳税、不还债，没收地主土地给贫苦群众的主张，号召农民团结起来，实行土地革命。1929年11月，梅南区苏维埃政府成立后，进行了分田，安和乡平均每人分1亩，蓝田乡则分7分多，水尾乡分6分多，小桑分1亩。

在畲坑区，1929 年冬至 1930 年夏，以乡为单位，普遍开展土地改革运动。如第一乡义和楼村农民熊阿鼎，全家 7 人，分到 30 丘田。全区的土地改革虽然分了田、发了证，但由于国民党张英、马毅 2 个正规营进驻"围剿"，农民分到的田地尚未收割，便告结束。

在梅三（西阳）区，实行土地革命分田地的有嶂明、丹赤、三溪、金溪 4 个乡。较早实行土改分田的是嶂明乡苏区，1930 年 1 月上旬该乡就基本结束分田工作。这个乡 2 个大村共 160 余户 420 人，有土地 450 亩，按照 30% 为公田、70% 按人口平均分配的规定，不论大人小孩，每人分得 8 分田。三溪乡苏区土改分田 1930 年 1 月开始，2 月上旬（春节后）结束。这个乡自然村比较多，采取大自然村为单位进行，从银窟村开始试点，带动其他村庄，逐步铺开。银窟村乡苏维埃政府采取先没收地主和公尝土地，按人口平均在原耕基础上进行统一平均分配，全村 87 户 308 人，平均每人分得 5 分田，共分地 154 亩。

在梅四（丙村）区，1930 年 2 月成立竹小农会后，在苏维埃政府和农会的统一领导下，以乡为单位统一没收全乡村范围内一切土地，包括地主富农和公尝的土地，按当时全乡人口平均分配，好田坏田搭配，270 多人共分了 330 多亩水田。黄沙乡 70 多户人共分了 400 多亩水田；坪石乡葛藤坪全村 26 户人，除四五户从不参加会议不给分田外，21 户 91 人共分田 50 多亩。

在松江区，1929 年在珠玉坑试分田，"没收一切土地归苏维埃政府"，结果行不通。1930 年春在珠玉坑第二次分田，这次改为没收公共土地及地主土地，按人口分配，每人分得约 1.5 亩地，群众满意；但不久由于国民党军队进攻，农民还是没有得到分田的果实。

有些乡村虽没能分配土地，但都普遍进行了"三抗"（抗租、抗税、抗息）斗争。

梅县苏区土地革命分田分地进展比较顺利。1930 年春夏风调雨顺，各苏区刚分好田地，便开始插莳早造秧苗。秧苗长势很好，至六七月份，早稻便抽穗扬花。苏区群众第一次实行耕者有其田制度，眼看可以收割，心情特别高兴，乡村内外，到处呈现一片新气象。当时流行许多充满欢乐喜气的歌谣，其中有一首是这样的：

共产主义最分明，起来革命救穷人。大家穷人联合起，革命成功享太平。

共产主义真唔差，起来革命救大家。大家穷人团结起，世界大同得荣华。

共产主义最分相，不交租税不纳粮。土豪杀绝分田地，大家有食得春光。

共产主义万万年，衣食充足得安园。老人就有敬老院，少年读书唔使钱。

但不久，国民党政府开始对各乡村苏区进行残酷"围剿"。敌人的"围剿"其实也是针对苏区群众收割早稻而来，他们企图破坏群众的收割，以达到消灭红军赤卫队的目的。1930年农历五月初，第四乡上墩村60多岁的老贫农古伯姆，因全家7人无粮度日，到新分到的田里割了一石禾救饿，回家时在路上被巡逻的国民党军马毅营士兵发现，当即被开枪打死。因国民党派兵到苏区抢割和进驻"围剿"，很多乡村农民只收了一季水稻。

在打土豪劣绅方面，1929年5月梅西区革命委员会成立之初，在大坪枪毙大土豪颜德荣，绑杀到大坪催粮的粮差。1929年9月22日，铜山区联队摧毁三乡黄沙、甲坑反动团防武装时，捕杀钟景生、钟观生、钟义生等5名土豪劣绅，就地正法。巴庄在各村农民协会领导下没收公尝，西坑村的劣绅赖百阶不肯交出公尝谷仓钥匙，被农民协会抓来杀了。1930年3月13日，松江区革命委员会在尧塘乡逮捕第十三区警卫分会委员、尧塘乡治安会主席、反动土豪劣绅黄选初，执行枪决，并布告周知。

打土豪、分田地运动热潮的掀起，使梅县苏区土地革命斗争逐渐进入高潮。

（三）武装斗争的深入开展

为策应红四军进军东江，扩大红色区域，从1929年10月中旬起，红四十六团、四十七团开赴粤东西北地区，和当地赤卫队密切配合转战于丰顺、梅县、大埔、兴宁、五华等地。为了牵制梅城外围的敌人，古大存、李明光分别带队于10月31日袭击畲坑、长沙等地驻军。这时，梅县境内党领导的武装有梅南区联队、梅西区联队等，后又建立了县大队，人数从100多人发展到2000

多人。各地武装纷纷主动出击，以梅南为中心，梅西、梅北、梅东、西阳、丙村等区联队、赤卫队在区委和革命委员会的统一指挥下，开展对敌军的攻击。

红四军刚从梅城撤走不久，1929年11月初，担任中共广东省委常委兼军委主席的聂荣臻受省委委托，到丰顺崇下的中共东江特委机关巡视，指出："东江目前唯一的中心工作，便是坚决的秋收斗争。"聂荣臻的指示，使中共东江特委、西北七县联会更加重视领导秋收斗争。11月15日，西北七县联会即发出致西北各县指示信，提出以秋收斗争为中心任务，发动斗争，扩大红军，建立各级苏维埃政权。在西北七县联会指导下，各县很快汇成一股推动秋收斗争、深入开展游击战争的巨大力量，使游击战争深入持续开展起来。此阶段军事行动战果较为突出的是夜袭官塘的战斗。

1929年11月中旬，在古大存、李明光指挥下，四十六团、四十七团会合梅南、畲坑区赤卫队数百人，夜袭驻官塘圩的国民党特务营，缴长枪30余支，敌营长张徐光伤重死亡。当时，中共梅县县委宣传部干部卜杏华曾编写一首歌谣，在军民中广为流传。歌谣原文：

月光光，白如霜，反动头子张徐光。

想杀工农到官塘，遇到红军打一仗。

身上连中二三枪，马上跌落用箩扛。

一扛扛到上黄塘，医生都说命不长。

《民国日报》载端详，呜呼哀哉见阎王。

官塘大捷打击了敌人的嚣张气焰，鼓舞了梅县全体指战员的士气，增强了红军战胜白军的信心。留守九龙嶂根据地的四十六团副团长邓子龙率四十六团留下的兵力，配合梅南区联队、各乡赤卫队合力再战，一鼓作气，又袭击了梅南龙岗坪和郑坑山一带的毛维寿部队，将敌人约400人击溃，四散逃走；有些白军逃至滂溪时，将枪投到农民的狗洞里，偷收农民在屋外晒的衣服，化装逃命。战斗中缴获大量枪支弹药，将反动派势力赶出了梅南。1929年12月2日，梅南区苏维埃会议中通过成立女红军连的提案。随后女红军连成立，连长朱心（罗田径人），政治指导员黄涛（松口人），全连约50人。女红军连曾攻打畲坑，不久把女红军连分散编入红四十六团各连队。以梅南为中心的战斗告一段落，但邓子龙带领的四十六团和十九大队一直留在九龙嶂，与地方武装一道坚持保卫根据地的斗争。

全县各地的武装斗争如火如荼。1930年1月31日，李明光率红四十六团300余人，从梅南出发，经西阳山区，在铜山苏区四区联队及革命群众五六百人的配合下，突袭丙村，2月1日上午即占领丙村圩，河对岸自卫队配合从梅城赶来的国民党一个连企图坐船渡河反扑，亦被阻击在河中。这次战斗共消灭敌人170余人，缴获大批枪支弹药、金钱、粮食、布匹、药材等。红四十六团也有伤亡，参谋长龚楷及2名战士壮烈牺牲。1930年4月19日，梅西区联队组织200余人，攻打龙虎警卫中队；4月28

日，梅西区联队配合红四十六团组织赤卫队员两三千人，分三路攻打大坪团防和乡公所，敌李步青部500余人闻风而逃。当时工农群众无不拍手称快。

随着土地革命和武装斗争深入持续开展，红色割据区域不断扩大，全县除梅城附近一二十里外，几乎全部赤红。梅县的革命斗争形势向好的方面发展。

第三节　融入中央苏区，
抗击国民党"围剿"

一、粤东北苏区从后方区逐渐变为前沿

中国工农红军第十一军成立后，在军长古大存的指挥下，各团红军（特别是主力四十六团）英勇善战，东征西讨。1930年5月14日，红四军再度从闽西进入粤东北地区，红四军第一纵队政委彭祜指示中共梅县县委积极配合工作。中共梅县县委、梅县苏维埃政府实施了"红五月"暴动，四十六团与地方武装配合，自5月中旬起，首先袭击荷田大岭圩和西阳；17日袭击隆文警委会并焚毁会所；22日集中300余人武装袭击龙虎圩警卫队并击毙敌警卫队队长；24日组织400余人袭击长沙，与敌第四特务营第四连及地方警卫队激战；26日红军600余人围攻大坪警卫队，占领大坪后撤离；29日再打龙虎圩；30日再打畲坑、石扇、西阳、荷田、大立；31日再攻大立、加庄。红军和赤卫队四处出击，捷报频传，迫使国民党驻梅毛维寿旅用两个团的兵力防守梅城。这时梅县苏区各项建设迎来全盛时期。

随着土地革命的深入开展和武装割据区域的扩大，梅县苏区成为红四军开创的"闽粤赣三省边境红色割据"的重要区域。当年红四军主要领导人之一的陈毅曾向中央报告，称"梅县群众大部分归我领导"[①]。此时，梅县已成为一个完整的苏区县，除县城外，各地乡村都是苏区。随着革命形势的迅速发展，梅县苏区与粤东北、赣南寻乌县等地的赤色区域连成一片，并与赣南、闽西各县边界相通。

梅县革命形势的发展，特别是以九龙嶂根据地为中心依托孕育的梅埔丰苏区的巩固与发展，引起了国民党反动当局的恐慌。此时，国民党调来邓龙光师驻防丰顺县城，调换毛维寿旅，改派战力强悍的张达旅驻梅县县城，开始对九龙嶂、八乡山、铜鼓嶂地区进行疯狂的"围剿"。

1930 年 11 月，按照中央六届三中全会的决议，中共闽粤赣特委在大南山成立，特委下设西北、西南、东南分委。梅县苏区隶属中共闽粤赣特委之下的西北分委管辖，梅县苏区的党组织和军民，在中共闽赣苏区特委和西北分委的领导下开展革命斗争。

1930 年 12 月 10 日，中共中央把毛泽东、朱德等开创与控制的根据地（中央苏区）划分为作战地区和后方根据地两部分，闽粤赣革命根据地为后方根据地。当年以邓发为书记、肖向荣为秘书长所领导的闽粤赣根据地，包括隶属西北分委领导的梅县苏区，成为中共中央规划的中央革命根据地后方根据地的组成部分。

---

① 中共龙岩市委党史研究室编：《闽西革命史文献资料》第二辑，内部资料，1982 年，第 206 页。

1930年12月，梅县、丰顺两县党组织合并组成中共丰梅县委，书记黎果，副书记叶明章；同时成立丰梅苏维埃政府，主席叶明章；成立共青团丰梅县委，书记李豪；成立丰梅赤卫大队，队长黎通。

1931年1月15日中共苏区中央局成立后，在《苏区中央局通告（第一号）》中，对闽粤赣根据地区域作了明确的阐述，划定该根据地范围包括丰梅苏区；1931年4月4日，《中央给闽粤赣特委信》中明确指出，"闽粤赣是整个中央区的一部分"（此处的"中央区"即为中央苏区）。

1931年五六月间，根据中央决定，中共闽粤赣特委改称为中共闽粤赣苏区省委，直属中共苏区中央局领导。此时，丰梅县苏区坚决执行中共闽粤赣特委、中共闽粤赣苏区省委的指示，苏区武装四处出击。

1931年7月，受相邻闽西苏区影响，丰梅县苏区开始错误地开展反"AB团"的斗争。同时，在配合中央革命根据地反"围剿"中，丰梅县苏区与闽西党关系组织逐渐密切。同年秋，中共闽粤赣苏区省委派武平县象洞区委宣传部部长陈仲平到梅县东部闽粤边陲的松源六甲中学，以插班读书为掩护开展工作，在陈仲平的努力下，迅速打开局面。1932年开始发展党员，随后建立隶属中共武平县委领导的党组织。

1931年12月，中共中央要求中共闽粤赣苏区省委"向北发展，向北发展前必须巩固闽西中部和南部和粤东北韩江上游苏区"①。根据中央的战略指示和革命斗争形势的发展,丰梅县苏区逐渐与福建武平岩前、象洞等连成一片。1932 年 3 月,闽西苏区已与江西苏区打通。位于闽西苏区和江西苏区中间的梅县,已成中央苏区的连片区域的一部分。由于地处闽粤赣联结枢纽的战略位置,国民党军加大了占据的力量,丰梅县等粤东北苏区由中央苏区后方逐渐变为前沿,斗争更为艰苦残酷。

1932 年 8 月,国民党第一集团军第三军独立第一师黄任寰师奉调从福建苏区移驻梅县,丰梅县苏区军民转移到丰(顺)梅(县)两县边区。不久为适应斗争的需要,中共丰梅县委实行特派员制,在中央苏区南部前沿坚持领导军民开展军事活动,打击敌人。

1933 年 10 月,丰梅县苏区武装队伍夜袭汤坑乡公所,击毙国民党区长,使敌人不得安宁。11 月,国民党政府军队李扬敬师由赣南苏区移驻梅县。1934 年春,古大存带领武装队伍到桐梓洋与丰梅县黎果的队伍会合。1934 年 4 月 1 日,国民党第二军军长李扬敬在梅召开军事会议,部署重兵进犯中央苏区首都瑞金所在地赣南。丰梅县苏区军民积极配合中央苏区的反"围剿"战争,派出武装到会昌筠门岭阻击敌军。同时,革命武装在石扇、梅西、梅南先后出击反动势力,破坏国民党的交通,牵制打击敌人。

---

① 《中共中央文件选集》第七册,中共中央党校出版社 1991 年版,第 535—543 页。

二、梅县苏区在反"围剿"战争中的贡献

梅县是具有光荣斗争历史的苏区。土地革命战争时期，无数革命先辈在这里留下了红色印记，朱德、陈毅、朱云卿、罗荣桓、聂荣臻、粟裕、谭政、罗瑞卿、萧克等一大批老一辈无产阶级革命家，曾在梅县留下光辉的战斗足迹。这里还孕育了无产阶级革命家、中华人民共和国开国元勋叶剑英元帅，以及肖向荣、朱云卿、梁锡祐、卢伟良等重要领导人。他们先后进入江西、福建中央苏区，成为政治、军事指挥人才，为中央苏区的创建、发展和反"围剿"作出了重要贡献。

在创建发展苏区的艰苦斗争中，梅县苏区为中央苏区的事业作出积极贡献。

配合中央苏区反"围剿"战争，牵制敌军。从 1930 年秋开始，梅县苏区军民密切配合中央苏区腹地的反"围剿"战争，英勇战斗。1931 年春，黎果、叶明章带领武装队伍，多次四处出击，牵制了广东国民党军队前往"围剿"中央苏区的大量军事力量。1932 年春，陈仲平在梅县东部松源打开工作局面的同时，丰梅县委、县苏维埃政府在黎果、叶明章的领导下，把武装力量分散到梅西、梅南、梅北等地开展斗争。1933 年 5 月，丰梅县苏区武装队伍抗击"进剿"九龙嶂、铜鼓嶂的国民党香翰屏部，牵制了主战场南面的国民党军。

1934 年 5 月，古大存、黎果等带领武装队伍在丰汤公路的南哈龙岗地段伏击敌人，当场击毙国民党丰顺县长林彬，并贴出布

告吸引敌人，解了大南山之围。苏区军民为保卫中央苏区南端区域英勇战斗，牵制和削弱了国民党向江西"进剿"的兵力，忠实执行中共中央和中共福建省委（此前为闽粤赣特委、闽粤赣苏区省委）的指示，前仆后继，顽强战斗。

为江西中央苏区输送进步青年和大量紧缺物资。遵循 1932 年 7 月《少共苏区中央局关于冲锋季中发展团与改造团的具体计划》，以及接受中共武平县委指示，丰梅县苏区积极输送人员到中央苏区参军、工作。1934 年年初，经中共武平县委批准后，陈仲平将挑选好的王芰祥、李碧山（越南人）、王建良、王文湘等，分批输送到江西中央苏区。1932 年起，受中共福建武平县委指示，陈仲平发动和组织人员建立起梅县松口—松源—会昌—瑞金等地物资采购供应线，与象洞区委派来人员共同完成中央苏区紧缺物资的采购和运输任务，把食盐、药品、布匹等物资，运送到中央苏区"红都"瑞金。在当年残酷艰苦的战争环境下，食盐、布匹特别是药品物资，因奇缺而弥足珍贵。这条秘密交通线一直坚持到 1934 年冬。

为中央苏区创建、发展和巩固付出了巨大牺牲。从 1930 年秋开始，国民党广东省反动当局调邓龙光师驻防丰顺县，张达旅驻防梅县，梅县国民党当局亦强化地方反动武装，在各区乡恢复设立治安会（此前曾被各级苏维埃政权摧毁）、警委会和警卫队，配合反动军队，不断向全县苏区进行"围剿"，特别是对九龙嶂、铜鼓嶂地区进行疯狂的"围剿"。反动派对根据地的"围剿"相当残酷。他们采取的手段，是在主要乡村设团防、筑炮楼，封锁根据地。同时他们驱赶根据地的群众自新，如不自新者则逮捕枪杀。对根据地的村庄采用残酷的政策，见人就杀、见屋就烧，国民党军队还武装胁迫群众抢割翻身农民分田耕种后已成熟的稻谷，抢光已收割的粮食，以断绝根据地军民的粮食等，以各种残酷手段，不断向全县苏区进行疯狂"围剿"。梅县苏区军民奋勇抵抗，密切配合中央苏区腹地的反"围剿"战争，一年内进行大小战斗百余次。1930年秋，红四十六团在径心（原属丰顺，现属梅县辖）与国民党邓龙光师1000余人激战，红四十六团以牺牲百余人的重大代价撤出战斗。接着，梅县总队与梅西区联队向九龙嶂根据地转移经南口车陂时，遭到敌人包围，一仗牺牲了38人。1931年秋，一直受命留守九龙嶂革命根据地坚持斗争的红四十六团副团长邓子龙，遭叛徒出卖被敌人杀害。

1930年11月上旬，国民党梅县黄承典特务营和马毅营联合"进剿"梅县苏维埃政府所在地梅南顺里黄泥坳，梅县党政机关被破坏，并被搜出梅县苏维埃政府及军委和赤卫总队大印3枚，区、乡苏维埃政府小印20枚。彭瑞珍、卜亚兰、江松盛等20名梅县苏区党员、干部、赤卫队员，被捕后被押赴官塘圩集体枪杀。

1930年秋，国民党驻丰顺邓龙光部从丰顺"围剿"九龙嶂（含小桑梅子头），马毅营由梅南"围剿"九龙嶂根据地前哨阵地小桑乡，敌人两部在小桑会合后，马毅营一部持续对小桑乡所辖4个村进行杀掠。他们在小桑的行径可谓是惨无人道，其中一天就残杀群众300多人。在该地进行杀掠长达49天，造成尸横遍野，人烟绝迹，所有房屋被放火烧毁，小桑全境4个村仅有3座建筑幸免。据 1963 年民政部门派人调查核实，小桑境内在当年那场浩劫中被烧毁房屋 352 栋 2800 多间，死亡人数近 1000 人。九龙嶂下浪荡石村，原有 198 人，被杀 40 多人，妇女儿童被贩卖 30 多人，其余群众均外逃，有半年多时间全村空无一人。国民党反动军队采用残酷手段，使苏区遭到严重摧残。仅重点"围剿"的九龙嶂梅南片老区，据不完全统计，被杀干部、群众就有 1600 多人。

地处梅县东部的松江区苏区在国民党残酷"围剿"下，地方干部被杀 80 多人，外来干部被杀 40 多人，群众被杀 400 多人，被逐流亡外地 170 余人。在梅西，国民党反动派多次"围剿"，造成田园荒芜，被杀害的革命同志有 157 人，群众 200 余人。

在创建发展中央苏区和反"围剿"革命战争中，先后有廖祝华、黄炎、黎果等数位县委书记牺牲，梅县苏区有姓名可查的烈士就有 642 名（未含梅江区）。被害群众不计其数。梅县苏区的党、政、军民，为中央苏区创建、发展和巩固，为中国革命事业付出了巨大代价，作出了重大贡献。

三、革命低潮时的斗争

1934 年 10 月，中央红军长征后，中共武平县委、闽西苏区全境均遭敌人严重摧毁，松源的党组织从此失去与上级的联系，处于独立活动状态。此时陈仲平领导党员利用全国人民抗日热情不断高涨的时机，组织党员照常开展工作，支部照常开会，群众工作照常进行，只是暂时停止发展党员的工作。这种情况持续到1936年陈仲平到松口开展工作方告一段落。

这一期间，梅县乃至整个东江区域都处于严重白色恐怖之中，革命斗争处境非常困难。1934年10月，中共丰梅（一说丰顺）县委负责人胡坚与丰梅游击队在白叶坪活动，遇敌人围捕，胡坚在突围中牺牲。同年冬，黎果在一次突围战斗中壮烈牺牲。1935年春，中共丰梅（一说丰顺）县委代理书记郭崇失踪，共青团县委负责人黎当（黎凤翔之子）被谋害。

1935年5月，红十一军原领导人古大存带领十多名战士在桐梓洋与九龙嶂根据地活动的丰梅游击队会合。因敌人不断派兵"围剿"，游击队难于在九龙嶂、桐梓洋一带立足，是年年底，古大存率17名战士进入大埔南部高陂一带隐蔽活动。

至此，梅县乃至整个东江轰轰烈烈的土地革命战争又转入低潮，但梅县人民革命的火焰并未熄灭，革命的种子已深植人民心中。在日本帝国主义进一步侵入中国、民族危机日益严重的情况下，全县人民又在中国共产党的领导下，掀起了抗日救亡运动的高潮。

第四节　抗日救亡运动的兴起及梅县党组织的恢复和发展

一、群众抗日救亡运动的兴起

1931 年九一八事变后，日本侵略者占领了东北三省，1932 年 1 月 28 日又进攻上海。而蒋介石则采取"攘外必先安内"的方针，实行不抵抗政策，从 1932 年的《淞沪停战协定》到 1935 年 7 月的"何梅协定"，对日本帝国主义的侵略步步退让。华北事变后，日本侵略者攫取了河北、察哈尔两省的大部分主权，意图吞并华北继而灭亡中国。

日本帝国主义对中国的侵略，使中国国内阶级关系发生新的变化，民族矛盾逐步上升为主要矛盾，抗日救国成为各个阶层的共同要求。中国共产党为了挽救国家民族的危亡，多次发表抗日宣言和主张。1935 年 8 月，中共驻共产国际代表团草拟了《中国苏维埃政府、中国共产党中央为抗日救国告全体同胞书》（即《八一宣言》），10 月 1 日在法国巴黎出版的《救国报》上发表，号召全国人民团结起来，停止内战，抗日救国。1935 年 11 月 28

日，又发表《中华苏维埃共和国中央政府、中国工农红军革命军事委员会抗日救国宣言》，得到全国人民的拥护。1935 年 12 月 9日，北平学生在党的领导下，爆发一二·九抗日救亡学生运动，得到全国各地的响应。从此，停止内战、一致抗日成为各界响应的潮流。1936 年 5 月，全国各界救国联合会在上海成立，发表声明，响应中国共产党"停止内战、一致抗日"的主张。它的成立迎来了全国抗日救亡运动的新高潮。

1935 年 12 月 17 日，中共中央在陕北瓦窑堡召开政治局会议，通过《关于目前政治形势与党的任务决议》，确定了抗日民族统一战线的策略方针。此后，国共两党虽互派代表，就联合抗日问题开始接触，但蒋介石尚无心抗日，更未放松"剿共"和压制人民的抗日救亡运动。1936 年 12 月 12 日，张学良和杨虎城扣留蒋介石，发动西安事变。中共中央从民族利益出发，派周恩来前往西安参加谈判，蒋介石被迫接受联共抗日条件。西安事变的和平解决，对国共两党再次合作和团结抗日，起到了重大的推动作用。

（一）梅县抗日救亡运动的兴起

梅县文化教育比较发达，知识分子和青年学生较多，他们容易接受新生事物，通过阅读进步书刊，接受了马列主义思想，在革命斗争中起到桥梁的作用。特别是共产党员、共青团员政治觉悟较高，在当地发动群众，引导教育青年学生，积极参加各种革命运动。

九一八事变后，全国抗日救亡运动的影响很快传播到梅县。

具有光荣革命传统的梅县人民在"天下兴亡，匹夫有责"的危亡时刻，高举爱国抗日的红旗，积极开展抗日救亡活动。

在梅城，有搬运工人起来罢工，县城各中学的学生罢课。1931年10月10日晚上，中共组织了以工人、学生为主的万人以上队伍，举行提灯游行，沿着市区散发抗日救国传单，高呼"打倒日本帝国主义""反对不抵抗政策"等口号；同时成立检查仇货委员会，在全城各商店及全县各圩镇查禁日货。

在松源，松源六甲中学（梅、蕉两县六甲联办）在进步校长陈剑吾和地下党员陈仲平带领下，每逢圩日都派出师生到圩镇或附近农村去演讲，宣传九一八事变后的形势，张贴标语。1932年春，松源六甲中学组织成立了梅县最早的宣传抗日救亡运动的舆论阵地澎湃社（半公开的读书会）。1933年上半年，澎湃社出版地下小报，进行散发和张贴。1934年上半年，为了更好地在松源开展抗日救亡运动，松源六甲中学校友会成立，陈仲平被选为第一任会长，聘请当时国民党的副军长黄延桢为名誉会长。1935年12月开始，松源六甲中学在松源圩和农村公演话剧，进行抗日宣传，深受群众欢迎。当时在横坊村（横江下）继雅小学任教的老党员陈仲平，与学生会主席王维接触交往，成了无所不谈的朋友。1936年初，陈仲平到松口公学任教。陈仲平离开松源后，王维成了松源抗日救亡运动的主要组织者之一。1936年春，王维和王立俊、张春汉等人发起成立松源青年读书会，组织夜莺剧社，并秘密成立新文字研究会等。松源也成了梅县抗日救亡运动的重要阵地之一。

在松口，镇大人多，文化发达，交通便利，消息灵通，聚集许多知识分子和社会名人，全国许多救亡报刊都在这里广为传阅，一批革命知识分子首先奋起，推进了梅县抗日救亡运动的发展。

首先是组织成立读书会。1934年春，与党组织失去联络的老党团员陈慰慈从汕头来到松口，开设宏达书店，兼营百货和上海出版的有关宣传革命运动的新书刊。1935年上半年以救亡运动的名义，组织了青年读书会（后改为大众读书会），发动会员学习抗日救亡的进步报刊。1935年夏创办《梅东民报》半月刊（后改名为《东方民报》）。影响所及，松源、梅城、南口、丙村、雁洋等地也先后组织了读书会。

其次是成立剧社。松口组织了白燕剧社。白燕剧社成立以后，排练演出话剧，内容都是宣传抗日和揭露旧社会的黑暗，影响相当大。影响所及，松源成立了夜莺剧社，梅城成立了新梅剧社、新文学研究会，南口成立了青年剧社，雁洋成立了海燕剧社，大坪成立了北极社，丙村和其他地方也相继组织起剧社。

再次是成立歌咏团。以大众读书会、白燕剧社的音乐爱好者为骨干组织歌咏团，每天早上在跑步锻炼回到中山公园时，都练习教唱抗日救亡歌曲，定时集中到中山公园进行大演唱。唱的都是聂耳等人作的进步歌曲。当时，上海《救亡报》曾发表一篇题为《松口救亡歌声昂扬》的报道。此外，还成立木刻研究会，出版了木刻刊物《树人》。而大众读书会则出版会刊八开小型报《大众习作》。

以上这些组织活动，都是在1935至1936年间组织起来的。

一时间，松口的抗日救亡运动如火如荼。1936年8月开始，梅县国民党反动派对松口的抗日救亡运动采取镇压政策，一切公开的救亡活动都被宣布为非法。松口革命力量受到很大打击，但他们并没有因为团体被解散而停止工作。一系列的活动、斗争和学习，大大地提高了一批青年的政治思想觉悟，为后来发展党组织打下了基础。

梅县的抗日救亡运动从松口、松源、梅城兴起后，南口、丙村、雁洋等地也随之兴起。

（二）梅县抗日救国会和抗日义勇军的成立

1935年北平一二·九运动后，中国抗日民主运动进一步高涨，上海、武汉、天津、北平等各大城市先后建立各界救国会。在中国共产党推动下，1936年5月，各地救国会代表在上海集会，成立全国各界救国联合会（以下简称全救会），发表声明，响应中国共产党"停止内战、一致抗日"的主张，"全救会"主要领导人有沈钧儒、邹韬奋等。在一二·九学生运动的影响下，梅县的梅城、松口、松源、丙村、雁洋、南口等地抗日救亡运动也蓬勃发展，各种抗日救亡组织纷纷建立。

1936年下半年，在松口的中共地下党员陈仲平及中共党、团员陈慰慈、林玉明、王勉等，通过在国立暨南大学读书的赖伯乡与上海"全救会"领袖沈钧儒取得联系，得到沈老先生的来信指导和鼓舞。经过酝酿，他们于12月12日在松口元魁塔内，秘密成立松口抗日救国会，选举李显云为会长。参加会议的有陈仲平、温汝尧、李显云、温碧珍、陈海萍、王勉、李瑟珍等十四五人。在南口、梅城、松源、丙村和雁洋等地也先后成立抗日救国会。

1937年1月，由松口抗日救国会发起，联合南口、梅城、松源、丙村、雁洋等地救亡组织，在雁洋南福村陈卜人家召开全县抗日救国会代表会议。会议由陈晓凡主持并作报告，分析了当前抗日形势，并提出今后的任务和要求。代表们结合报告内容进行了讨论，互通了情报，交流了经验。会议最后决定成立梅县抗日救国会，选举陈晓凡为主席，李显云为组织部部长，林汝舜为宣传部部长。救国会的领导机关设在松口，由李显云、林汝舜负责日常工作。代表会还制定了救国会的组织纲领和行动纲领。救国会成立后，创刊出版《救亡周报》（后改为《救亡报》），报道全国各地抗日救亡运动的消息，促进抗日民族统一战线的发展，报道本县各地救亡运动的情况，交流抗日救亡运动的经验，推动全县抗日救亡运动的发展。

1937年1月底，中共潮汕工委书记李碧山代表潮汕党组织来梅县重建地下党组织和抗日义勇军。李碧山来到梅县松口和陈仲平取得了联系，详细听取陈仲平的汇报，了解梅县的工作特别是松口的情况后，首先在松口开展建立抗日义勇军的工作。是月，由经过锻炼和考验的积极分子和骨干，在李碧山的主持下，组成中华抗日义勇军梅县松口小队，小队长李显云。随后，雁洋、丙村、梅城、松源、南口等地的义勇军也很快便发展起来。

1937年3月，在雁洋李展新家里召开全县抗日义勇军代表会议。参加这次会议的有李碧山、李显云、梁集祥、陈卜人（晏臣）、李文藻和李展新夫妇等人。会议由李碧山主持。会上，参会代表汇报和交流了各地建立义勇军的情况，研究和布置了今后的工作，并决定成立中华抗日义勇军梅县大队，李显云任大队长，负责领导全县人民抗日义勇军的工作。抗日义勇军是党的外围秘密组织，是非常严密的组织。

抗日义勇军成立后，组织和帮助进步青年、学生、教师、店员学习时事政治，为党组织的发展打下了政治思想基础。同时，义勇军积极开展新文字运动，学习拉丁化拼音，学习普通话，促使抗日救亡运动向纵深发展。还积极开展军事体育锻炼，有意识把长跑和政治学习结合起来。经常利用各种节日和事件，举行长跑、集会，揭露国民党反动派投降卖国罪行，号召同志们做抗日救亡的先锋，收到了很好效果。

梅县抗日义勇军在党的正确领导下，经过严格的训练和考验，逐步成长起来，不断发展壮大，至1937年七七事变前，梅县的抗日义勇军已发展到300人以上，为抗日战争培养出大批优秀人才。1938年春以后，发动和输送了100多名义勇军骨干参加新四军，不少参加了公开的抗日救亡组织青抗会、学抗会等，成为抗日战争和解放战争的骨干。

梅县抗日救国会和抗日义勇军的成立，不但促进了梅县抗日救亡运动的发展，而且对党组织的恢复发展起到了极为重要的推动作用。

二、中共梅县地方党组织的恢复和发展

梅县和丰顺党组织于 1930 年 12 月合并组成中共丰梅县委，1932 年秋起实行特派员制，后来党组织遭受挫折被打散。不少党员在革命低潮时期被迫离开家乡外出，待形势缓和后，他们又先后回到家乡寻找职业掩护潜伏下来。在民族危机加深，全国抗日救亡运动兴起时，他们以抗日救亡的名义，团结教育青年师生和群众，进行抗日救亡活动和传播共产主义思想。在开展抗日救亡活动中，这些党员极希望能尽快找到党组织，得到党的领导。

当时南方各省的党组织被打散后，还未能恢复起来，党中央也千方百计想在南方恢复和发展党组织。1936 年 6 月，中共中央北方局书记刘少奇派梅县人薛尚实到香港成立了中共中央南方临时工作委员会（即南临委），薛尚实任书记，主要负责南方各省党组织的恢复和发展工作。1937 年 1 月，根据南临委指示，成立中共潮汕工委，李碧山为书记。根据分工，由李碧山负责兴梅党组织的恢复和发展。因此，梅县党组织的恢复发展，主要是从李碧山开始的。

梅县党组织的恢复和发展，可以追溯到 1933 年，从松源建立党组织开始。有几个关键人物起到重要作用：一是最早在松源建立党组织的陈仲平；二是在松口活动失掉关系后积极找党的老党员陈慰慈、林玉明；三是首先在松口恢复发展梅县党组织的李碧山。他们为梅县党组织的恢复和发展奠定了基础。

（一）中共松源支部的建立

1931 年秋，中共福建武平县委白区工作部为了配合中央苏区的工作，决定向广东发展，开辟毗邻的梅县松源一带的工作，派中共武平县象洞区委宣传部部长陈仲平到松源六甲中学读书，以学生的身份掩护开展党的工作。陈仲平进校后，刻苦认真学习，取得优异成绩，在学生中树立了威信，第二届学生会选举时，被选为学生会干事，为他开展党的工作打下基础。

1932 年下半年，陈仲平在松源中学开始发展党员，至 1933 年上半年，先后发展了王建良、王宝钦、王春凤、王芰祥（王华）、练金万、陈亚寿入党，又在校外吸收了两名党员，一个是老圩皮鞋工人王文湘，另一个是农村青年王兴书。建立中共松源支部，陈仲平任支部书记。中共松源支部属于福建武平县委领导。

1933 年冬，陈仲平在松源中学毕业后留在松源，先后在凹下的明智小学和横坊继雅小学教书。在这两年半的时间中，他同中共武平县委保持着密切的联系，中共武平县委曾派人到松源视察工作。

1934 年春，陈仲平经过中共武平县委同意，先后介绍李碧山和党员王建良、王文湘、王芰祥（王华）前往中央苏区。这时，在松中的学生党员陈仲平和王春凤都已毕业，王建良、王芰祥已去苏区；但学校的工作并未削弱。支部的周围团结了一大批学生中的先进分子，通过读书会的活动，更团结了一批校外青年。

1934 年 10 月，中央红军长征后，中共武平县委也被打散。

从这时起，松源支部和上级联系中断，处于独立活动状态；但党的工作并没有中断，只是停止了发展党员。这种情况继续了两年多。

（二）梅县党组织的恢复和发展

梅县境内 1933 年建立的中共松源支部，虽属于中共福建武平县委领导，但又与后来梅县党组织的恢复和发展有着密切的联系。支部成员的关系为后来李碧山到松口恢复和建立党组织创造了条件。

1936 年，在汕头市立第一中学读高中的松源人王立宪（子英）在暑假回来时路过松口，找到陈仲平，向他谈了李英（即李碧山）的情况。陈仲平便写了一封信叫王立宪带给李碧山。

李碧山于 1937 年 1 月底来到松口，找到陈仲平。陈仲平把他安排到安全的地方住下后，李碧山向陈仲平说明他的身份和来梅的使命。他是代表潮汕工委来梅开展工作的，任务是恢复梅县党组织和组织义勇军。同时，还说了他在红军长征后的遭遇，以及在汕头怎样找上组织等。陈仲平向李碧山汇报了和他别后三年的情况以及松源支部和松口工作开展的情况，特别是向他介绍了松口和松源一批条件成熟的党员发展对象情况。李碧山听取汇报后，首先恢复了陈仲平的组织联系和陈慰慈的党籍，吸收陈海萍、李显云、林汝舜、王勉等人入党，在陈海萍住所陈晋发五金铺的三楼举行宣誓仪式，随即成立中共松口支部，陈仲平为支部书记。

春节期间，李碧山在梅城恢复了王芟祥的组织关系，发展了黄芸、黎邦入党，建立起梅城的支部，王芰祥任支部书记。然后到了丙村、雁洋等地工作，恢复了陈孟仁、陈淦廷、李文藻等的组织关系，同时吸收梁集祥、陈卜人、李展新加入义勇军。陈仲平回家过春节后返回松源，经李碧山批准，吸收王维、王立俊、张春汉、陈秉铨、陈振厚等新党员，并选举王维为支部书记。这时，松源支部成为梅县党组织的组成部分。春节后，松口又发展了第二批党员，成立中共松口第二支部，李显云任支部书记。1937年3月，陈仲平被《梅东新报》解聘后到隆文任教，李碧山指示，由陈海萍接任支部书记。根据李碧山指示，陈慰慈回到家乡雁洋南福大坪开展工作，恢复黄韶华等的组织关系，吸收陈卜人等加入党组织。

1937年3月，为适应组织发展需要，李碧山决定以中共松口支部为基础，成立中共梅县临时工作委员会，陈海萍为书记。4月（一说5月），正式成立中共梅县工作委员会，王勉为书记，陈仲平为组织部部长，陈海萍为宣传部部长，李显云为青年部部长，林汝舜为保卫部部长。4月，成立中共松口区委，书记林汝舜。6月，成立中共松源区委，书记王维。这时，中共梅县工委下辖松口区委、松源区委和梅城、丙村、南口党支部。

梅县党组织的恢复和发展，结束了梅县共产党员较长时间失去党组织领导的艰难局面，形成了共产党组织对梅县抗日救亡运动坚强有力的领导。这对于推动梅县抗日救亡运动发展，迎接全面抗战新高潮的到来具有重要的意义。

第三章
全民族抗日战争时期

第一节　抗日救亡运动的高涨与党组织的发展

一、广泛发动群众开展抗日救亡运动

（一）建立群众抗日救亡团体

1937年7月，抗日战争全面爆发后，国民党梅县党部、梅县政府成立梅县抗敌后援会，宣布不管任何地方任何人若要组织抗日救亡团体，必须报国民党梅县党部登记审查，申请注册，否则一律视为非法。中共韩江工委向各级党组织发出指示，采取不报告、不申请、不注册的方式，由各区乡自行发动群众成立抗日救亡团体。各区乡迅速行动，成立学抗会、青抗会、妇抗会等抗日救亡团体。1937年秋，从日本回来的一批梅县留学生在梅城成立梅县留日同学抗敌后援会。1937年10月，中共梅县工委召开全梅学生抗日救亡联席会议，成立梅县中等学校学生抗敌同志会（简称学抗会）。

1937年12月，中共梅县中心县委在梅城成立，书记李碧山。中共梅县中心县委成立后，中共梅县工委随即撤销。1938年春，梅县青年抗敌同志会总会（简称青抗会）成立，松口、松源、隆文、丙村、西阳、南口、水白等地设立分会。中共梅县中心县委在南口星聚中学、丙村中学、雁洋中学、松口中学、松源中学等学校建立中华民族解放先锋队，吸收优秀青年学生入队。

梅县党组织冲破国民党的镇压与限制，及时采取应对措施，做出果断决策，发动和引导全县各区乡建立群众抗日救亡团体，为大规模开展抗日救亡运动奠定了坚实的组织基础。

（二）提高群众抗战思想觉悟和民族意识

在中共梅县中心县委领导下，各区乡采取多种形式宣传教育群众，爱国群众抗日救亡组织和抗日救亡运动蓬勃发展。

1.采取多种形式进行宣传教育。通过组织游行示威、张贴标语、喊口号、出墙报、演戏、教唱抗日救亡歌曲、举办画展等形式进行爱国主义教育，向群众讲解抗日战争形势、日本侵略军进攻路线、日军侵略中国罪行等。

2.举办妇女夜校。通过各区乡青抗会、妇抗会等抗日救亡团体下乡宣传，团结广大青年妇女，开办妇女夜校，并通过夜校这一阵地对广大农村妇女进行文化和妇女解放教育。

3.对知识分子进行共产主义思想教育。对青年学生、知识分子和中小学教师，除了宣传抗战外，主要进行共产主义思想教育，宣传《抗战十大纲要》《论持久战》和八路军、新四军在敌后战场英勇顽强作战的事迹等。

4.出版报刊、图书进行宣传教育。各类抗日救亡团体充分利会刊进行宣传，如学抗会《学生岗位》、青抗会《正义报》和《燎原文艺》、松口妇女会《女光》，还有自编的夜校识字课本、《妇女与儿童》等中小学乡土教材。中共梅县中心县委创办《新华杂志社》，出版《新文摘》和内部刊物《锻炼》。中共梅县中心县委举办大众书店，发行进步书刊；开办新生印刷厂，翻印《共产党宣言》《共产主义运动中的"左派"幼稚病》《联共（布）党史简明教程》《两个策略》《抗日游击战争的战略问题》等进步书籍；成立流动书报社，送图书上门。

5. 树立党员在群众中的良好形象。梅县党组织广泛进行宣传，让广大人民群众认识共产党，了解共产党是为劳苦大众谋利益的。在群众中形成一种观念，知道共产党都是好人。在抗日救亡运动工作中，共产党员起到了先锋模范作用。

6. 广泛动员群众支援抗战前线。共产党员带头广泛发动群众，特别是发动妇女夜校生为前方将士做草鞋、做棉背心；教师和学生则写慰问信，做慰问袋，派慰问团前往潮汕前线慰问，鼓励抗日将士。这些活动不但支持与推动了抗战，而且密切了党同群众的血肉联系。

（三）组织青年武装维持治安

中共梅县党组织指示各区乡在发展党组织的同时，还着手筹建抗日武装。各地党组织便纷纷行动，向当地绅士、乡长、族长宣传抗战形势，提出要巩固后方治安、防匪、防（间）谍。党组织动员把公偿的枪支弹药拿出来，武装青年，组织青年训练，巡逻放哨联防。

各地青年武装队伍陆续组建，松源组织280多支枪的青年武装，丙村组成120多人的民众抗日自卫队，丙镇青抗会成立各乡村抗日自卫队，南口成立南口人民抗日自卫团，还有水白乡成立水白乡抗日自卫团。这些抗日自卫团、队的建立，有效地维护了当地的社会治安，又为武装抗日做了准备。

（四）关心维护群众权益

中共梅县各级党组织及其领导下的青抗会、妇抗会等，把开展抗日救亡运动和关心群众生产、改善农民生活等密切联系起来。

首先是关心群众生活。比如为减轻农民群众的负担，中共松源区委和所属各总支、支部都十分注意做好团结国民党区、乡长和开明绅士保、甲长的工作，共同做好减租减息工作。当时的一些地主和高利贷者对此不满，甚至有人反对，但由于区委做好了国民党上层人士的工作，最终达到农民减租减息的目的。

其次是帮助群众搞好生产。比如松源各乡需要防洪抗旱，广大共产党员带头下乡到第一线，并动员中小学生及妇女夜校生一起提水、戽水抗旱，使农民减少损失，战胜自然灾害。又如南口中心支部下辖的星聚学校经常组织高年级学生参加生产劳动，为学校开辟两块球场，动员学生和农村青年帮助建起2座陂头，疏通10条水渠，农忙季节组织学生帮助群众插秧收割。农村支部发动群众组织帮耕队、互助组，组织巡逻队和护禾队，修建道路桥梁等。

再次是化解家庭和社会矛盾。比如松源一些家庭经常发生丈夫殴打妻子的现象，党员就针对性地进行调解。通过排解各种纠纷，促进了邻里、家庭和睦，社会稳定，深受群众欢迎。又如南口党组织注重化解社会矛盾。南口圩镇附近农村居住着陈潘两姓，1912年，两姓之间曾发生过一次宗族大械斗，造成两姓群众长期不和。中共南口中心支部通过发动青年以交朋友、球类比赛等方式团结各姓青年，陈潘两姓隔阂逐渐消除，学校和农村各项工作也顺利开展。

二、大量发展党员及开展统一战线工作

（一）大量发展党员

七七事变之前，中共梅县党组织已建立县工委和区委2个、直属支部3个，但党员人数只有二三十人。1937年8月上旬，中共南临委在香港召开会议，要求积极发展党员，建立各级党组织领导机构。同时，华南救国总会在香港召开会议。8月中旬，中共梅县工委在松口召开县委扩大会议，传达南临委会议精神，决定开办各种训练班，培养干部。随后县工委在松口开办爱国团体骨干训练班，接着举办防空救护训练班，组建松口防空救护团。

1937年10月，中共闽粤边省临委党的代表会议在福建龙岩召开，成立中共闽粤赣边省委，潮梅地区党组织由南临委领导改

归中共闽粤赣边省委领导。1937年下半年，中共梅县工委迅速发展一批党员。同年10月，中共韩江工委迁驻梅县城，12月撤销中共韩江工委和中共梅县工委，成立中共梅县中心县委，下辖梅县、兴宁、大埔、蕉岭、武平等党组织，机关驻梅城。1938年2月，中共闽粤赣边省委在福建龙岩召开第一次执委扩大会议，决定将中共闽粤赣边省委改称为中共闽西南潮梅特委。截至1938年4月，中心县委属下有党员400多名，其中梅县100多名。

1938年3月，中共中央提出"要大量发展党员，而又不让一个坏分子混入党内"。中共闽西南潮梅特委制订党员发展方案，计划在闽粤赣边区发展党员1万名。中共梅县中心县委专门创办《锻炼》，刊登有关发展党员的做法和经验，使广大党员学会发展党员的方法。截至1939年底，中共梅县中心县委在梅县设立松口、松源、梅城、丙村、南口区委，梅蕉武边委、梅蕉边区委和领导县城各中学党支部的学委1个，党员人数达700多人。

（二）开展统一战线工作

1938年，党中央指示，开展统一战线工作，发动社会各界，推动国共合作抗日。梅县党组织主要从两个方面开展统一战线工作：

一方面做国民党县党部和县政府官员的工作。1938年1月，中共梅县中心县委通过梅县留日同学抗敌后援会等找到国民党县党部书记长钟啸青、县长梁翰昭，劝说他们支持抗日救亡运动。不久，改组梅县抗敌后援会为梅县民众抗敌后援会，推动抗日救亡运动。另一方面，做包括区乡长、绅士、保长、族长、中小学校长等在内的基层人士的工作。首先是尊重绅士、保长、族长，以抗敌后援会和青抗会的名义参加各种会议，团结和组织宣传抗日救亡，动员带头募捐款物，慰问抗日前方将士等。其次，在组织各种抗日救亡团体时，聘请他们担任名誉会长、名誉校长或顾问。再次，解决社会治安等实际问题，争取支持成立青年武装。对各中小学校长、教师进行细致的宣传教育，争取支持，密切配合开展工作。

在抗日救亡运动中，梅县各地党组织经受了严峻考验，取得了显著成绩。1939年1月，中共闽西南潮梅特委第五次执委扩大会议召开，中共松源区委和中共南口支部被分别授予模范区委和第一模范支部光荣称号。

第二节 贯彻"隐蔽精干，长期埋伏，积蓄力量，以待时机"方针

一、贯彻中共闽西南潮梅特委第六次执委扩大会议精神

（一）抗战相持阶段国民党加紧反共

1938年10月，广州沦陷、武汉失守，全国抗日战争进入相持阶段。1939年1月，国民党召开五届五中全会，决定以对外抗日为主转向以对内反共为主，制定"溶共""防共""限共""反共"的方针。此时，梅县国民党当局做好反共准备。1939年6月，日军占领潮州、汕头后，派飞机轰炸梅县古塘坪军用机场，打乱国民党当局反共计划。同年8月，梅县国民党当局见日军无攻占梅县的迹象，开始加紧反共活动：查封中共梅县中心县委开办的大众书店、启蒙书店和南方书店，同时还查封中共梅县中心县委《民报》和新生印刷厂，还放出风声要解散青抗会、学抗会等抗日救亡团体。

（二）中共闽西南潮梅特委机关迁驻梅县

1939年3月，为了加强对潮梅工作的领导，中共闽西南潮梅特委机关从福建龙岩迁驻梅县。特委机关及书记方方夫妇和秘书许韵松、交通员郭玉意4人，先在梅县雁洋南福村陈卜人家驻扎，同年冬转移到梅县城南白土乡（今三角镇）泮坑村熊秋魂（苏平）家，直至1940年6月迁至大埔西河。

特委客观分析闽粤沿海和内地差异，具体划分潮汕为前线，闽西和梅埔为近后方，根据不同情况提出战时动员和备战的具体任务。1939年5月，特委对中共梅县中心县委班子进行调整，王维任书记。

（三）召开中共闽西南潮梅特委第六次执委扩大会议

1939年5月26日，中共中央发出《关于在国民党统治区保护党员干部的指示》，要求国统区党组织采取"隐蔽精干，长期埋伏，积蓄力量，以待时机"工作方针。7月7日，中共中央发表《为抗战两周年纪念对时局宣言》，提出"坚持抗战，反对投降；坚持团结，反对分裂；坚持进步，反对倒退"。10月，中共中央青委在重庆召开大后方（国统区）青年工作会议，传达中共中央准备在延安召开中国共产党第七次全国代表大会的决定，分配各地应选的代表名额。

为了贯彻党中央有关重要指示和选举中共七大代表，中共闽西南潮梅特委决定召开第六次执委扩大会议。大会于1939年11月上旬在梅县松源召开，出席会议的有全体执委和闽西、闽南、潮汕、梅县等党组织代表 20 多人。会议由方方作政治报告和工作检查，谢育才作关于整顿巩固党组织的报告，苏惠作妇女工作报告。会议决定暂停发展党员，把从思想上、政治上和组织上巩固党作为中心任务。讨论和决定各级党组织有计划地隐蔽撤退，打进国民党管、教、养、卫部门，进行整党审干等，选出叶剑英、边章伍、方方、伍洪祥、苏惠、王维、谢南石 7 人为中共七大代表。

中共闽西南潮梅特委第六次执行扩大会议，是在国内政治形势出现逆转关头召开的一次重要会议。它贯彻了党中央关于党在国统区的工作方针和巩固党的紧急任务，适应了国内阶级矛盾和时局的新变化，及时实行斗争策略的转变，正确处理民族斗争与阶级斗争的关系，标志着闽粤赣边区党组织进入更加艰苦复杂的抗日反顽斗争阶段。

1940 年 1 月，在第六次执委扩大会议工作部署的基础上，中共闽西南潮梅特委发出《为加强抗战力量，反击顽固分子的进攻的指示》和《关于加强巩固组织工作的指示》。1940 年春，撤销中共梅蕉边区委，石扇、新铺党组织并入城区区委。梅县各地党组织相继传达贯彻中共闽西南潮梅特委第六次执委扩大会议精神，接着又学习贯彻方方从重庆带回的中共中央及南方局的指示和特委发出的两项补充指示等。从此，梅县各地党组织的工作重点普遍转入整党审干，考察全体党员，对国民党顽固派的反共倒退进行坚决而适当的斗争。

二、开展整党审干工作

（一）加强政治思想教育

举办党员骨干训练班。整党审干工作与加强党内教育密切结合进行，自上而下逐步开展。为了提高广大党员和干部的政治理论水平，从思想上增强应付突发事变的能力，中共闽西南潮梅特委于1940年3月，在梅县城郊芹菜洋（芹黄乡）举办为期20多天的党员骨干训练班。训练班结束后，各地党组织立即开展整党审干工作。中共梅县中心县委整体部署，梅县各区党组织认真开展。经过中共梅县中心县委审查的各区委领导在各支部举办党员巡回训练班，普遍对党员进行形势教育、阶级教育、革命气节教育及秘密工作和党的纪律教育，加深党员对国民党顽固派反共本质的认识，克服右倾麻痹思想，提高党员思想觉悟，自觉做好保密隐蔽工作。

举办妇女党员骨干培训班。为了加强妇女工作，中共梅县中心县委决定举办梅县妇女党员骨干训练班，提高妇女党员的党性、纪律性与无产阶级觉悟和工作能力。妇女党员骨干训练班于1940年2月在梅县城郊水白湾下村举办。训练班主要讲授党的建设、政治形势与任务、妇女工作任务和经验，同时还学习《党章》《论共产党员的修养》《论持久战》等理论课程。

（二）整顿巩固党组织

1.逐级审查党员。在对党员普遍进行教育的基础上，从上而下逐级对党员进行审查。对每个党员的家庭情况、出身成分和社会关系、入党动机、思想觉悟、工作能力及各方面表现进行认真的审查，根据不同情况作出保留或淘汰、放弃的决定。把党员分成几种类型：第一种，思想觉悟高，工作能力强，各方面表现好的留下编成一个支部，照常过组织生活；第二种，思想觉悟和工作能力较差的，编入同情小组，派党员进行联系教育；第三种，觉悟低、表现差的，采取放弃，不再联系；第四种，是混进党内的不纯分子，则开除党籍，这一类在梅县未有发现。

2.有计划地撤退暴露的干部。1940年6月，中共梅县中心县委将县、区已暴露或有暴露危险的领导干部撤离一线或作异地调换。中共梅县中心县委领导成员亦由上级作了调整。一些区委干部亦在本县内作异地调换。截至1940年10月，经过整顿审查精干组织后，中共梅县中心县委辖下有兴宁、梅城、南口、丙村、屏白、松口、松源、象洞8个区委，1个学委和蕉岭、梅南2个总支部。据统计，中共梅县中心县委属下各区委通过整顿，加上调整转移外地的100多名干部，中心县委属下的党员从原来1200多名，降到600多名。

（三）改变领导体制，实行单线联系

1940年11月，中共中央南方局召开重要会议，传达党中央指示：成立中共南方工作委员会和西南工作委员会作为南方局下属的两大派出机构，分别领导华南和西南各省党组织。中共南方工委下辖中共江西省委、中共粤北省委、中共粤南省委、中共广西省工委、中共湘南特委、中共琼崖特委、中共闽西特委、中共闽南特委和中共潮梅特委。南方局决定任命方方为南委书记，南委机关设在广东大埔县大埔角。1940年12月，中共潮梅党代表会议在揭阳县水流埔召开，决定成立中共潮梅特委，统一领导潮汕和兴梅两个地区的党组织。同时，会议决定撤销梅县、潮澄饶、潮揭丰、潮普惠4个中心县委，由特委直接领导下属9个县委，原中共梅县中心县委属下组织分设中共梅县县委和中共兴宁县工委。1941年1月，成立中共梅县县委，仍辖梅县、蕉岭、平远和武平象洞区党组织。

1941年5月8日，中共中央发出《关于大后方党组织工作的指示》。同年9月，中共潮梅特委在领导体制和组织形式上进行重大改革，从县委、区委、总支把集体领导的党委制改为个人负责的特派员制。党组织的领导体制改变后，各级组织直至基层党员实行单线联系，个别接头，不开会议。党员转移地区时，亦不转党的关系，党员独立活动，严格遵守保密制度，执行保密纪律。同时，要求党员加强学习文化知识与理论，进行自我教育，自学中央有关政策和指示，提高思想认识和策略水平，善于应付各种复杂情况，从而使党组织更加安全地巩固下来。

三、顶住反共逆流，坚持反顽斗争

（一）利用合法斗争挫败国民党顽固派阴谋

1939年9月，国民党掀起第一次反共高潮。国民党梅县当局接连查封大众书店、启蒙书店、南方书店，查封《民报》和新生印刷厂等。同时，强迫中小学教师集体加入国民党，强迫高中各年级学生集体参加三民主义青年团（简称三青团），与共产党争夺青年学生和学校阵地。

在这种情况下，中共梅县各级党组织指示各中小学党组织利用合法斗争形式，对国民党顽固派采取针锋相对的斗争。各区党组织都选派党员教师参加训练班学习以掌握所在学校的领导权，利用学生会、班会，甚至三青团组织，进行小型的多种形式的辩论会、演讲会、娱乐会、体育比赛等，广泛团结师生。党员经过组织批准加入国民党或三青团后，则利用合法地位在其组织中积极开展活动，设法争取担任领导职务或三青团的区队长、分队长等，掌握领导地位。此外，还有不少共产党员和进步骨干担任中小学的校长和教导主任，认真搞好教学并做好上层人士的统战工作，争取校董和校长的支持，牢牢掌握学校的领导权。

（二）学抗会集会请愿作抗争

1940年四五月间，国民党梅县县党部通知学抗会负责人，解散学抗会，取缔会刊《学生岗位》。在中共梅县中心县委领导下，学委和学抗会党团联席会议于1940年5月30日召开全县中等学校学生代表大会。会议中途，国民党梅县党部要求解散学抗会，引起与会代表愤慨，当场组织请愿队伍到国民党梅县党部请愿。

国民党梅县党部书记长熊淡苏和县长梁国材不敢面对学生群众。请愿队伍则在县党部静坐不散。入夜后，李鸣铮、何孟琳、姚秋实、潘佛章、刘时敏5名学生代表被扣。此外，军警包围请愿队伍，李国超、黄新能、巫耀宗3人被推进县党部。被扣8人中除巫耀宗被骗填写悔过书当晚被保释外，其余7位代表（中共党员6名）都被关进县政府拘留所。

次日，学委书记陈瑾芳召集学抗会理事会议，决定成立救援会慰问被捕代表，开展营救活动。第二天，全县几千名进步学生包围县政府，要求县政府释放被捕代表。社会上许多开明人士也不断向国民党县党部、县政府提出抗议和意见。国民党当局害怕学生再闹事，当晚把被捕代表秘密转移到龙虎圩监狱。

6月4日晚上，中共梅县中心县委青年部部长郑敦在东山中学党总支所在地熊屋召开紧急会议，重新组成新的学委机构，决定成立救援小组，全力营救被捕代表。由于社会各方面的声援工作开展得力，被捕代表在狱中坚持合理合法的斗争，国民党当局不得不在6月中旬将被捕的7人释放。这就是后来人们所称的梅县七君子事件。

（三）散发"快邮代电"，公开皖南事变真相

1941年1月，国民党顽固派制造震惊中外的皖南事变。梅县国民党顽固派也乘机大肆进行反共宣传。中共梅县县委及时揭露

国民党顽固派破坏抗日袭击新四军的反共罪行,展开宣传攻势,广泛散发、邮寄、张贴《朱、彭、叶、项通电》《中央军委命令》《中共中央军委发言人对新华社记者的谈话》等文件,把皖南事变的真相公之于世,揭露国民党顽固派破坏抗战、实行反共的滔天罪行,使广大群众了解事变的真相和共产党的态度立场,从而争取了广大群众的同情与支持。

四、暂停党组织活动,实行"三勤"

1942年6月,南委事件发生,中共粤北省委和南方工作委员会先后遭到破坏。潮梅特派员林美南立即作出如下部署:将中共梅县特派员王致远调回潮汕地区,在大埔县大麻镇裕华小学教书掩护的曾冰接任梅县特派员,暂停组织活动。林美南还通知梅县副特派员谢毕真,党组织停止活动,并向下传达。谢毕真立即要求所分管的区特派员把相关部署传达到党员。林美南指示梅县,凡学校党员在暑假期间进行撤退和转移到安全的地方,同意梅县党组织将部分教师党员转移到江西寻乌。暑假期间撤退和转移一批学校党员。

1942年9月下旬,林美南分别向梅县特派员曾冰和副特派员谢毕真传达"解散组织"的决定,执行"三勤"(勤业、勤学、勤交友)任务。梅县党组织于10月间把有关决定传达到全体党员。

各区在传达贯彻时，根据实际情况认真做好转移撤退的埋藏隐蔽工作。在传达过程中，对党员干部普遍进行党性、党纪及革命气节的教育，根据刘少奇《论共产党员的修养》的精神，提出爱革命、爱真理、爱同志、爱交友、爱政治生命（以下简称"五爱"）和不暴露身份、不动摇叛变、不做坏事、不腐化堕落、不损人利己（以下简称"五不"）的要求。全县党员 300 多人，绝大多数党员干部都能以党的利益为重，以高度的党性原则执行党的决定，停止组织活动。由于"三勤"方针的指引，许多党员失群而不迷途，停止组织关系而没有停止战斗，他们为革命做了许多力所能及的事，为党组织重新恢复活动奠定基础。

南委事件后，必须重新建立和调整联络点。1942 年 7 月，潮梅特派员林美南和特委、县委机关撤到梅县城北，选择梅城西郊乌寥沙建立菜园作为掩护的秘密活动据点。1942 年冬，林美南从五里亭转移至乌寥沙，以商人身份化名吴瑞麟，特委原交通员陈权扮成管家，从潮汕撤退来梅的方东平化装成老板娘取名王雪娥，将极善做交通联络工作的李鹏、陈惜香夫妇调来菜园工作。

他们隐蔽于菜农之中，既从事农业生产解决给养，又以做生意的名义经常到梅县各地联络点开展工作。林美南在隐蔽活动期间，主要通过梅城泰康路隆发米店的张体康和凌风东路京杂店生活社的谢禄秀、大墓岌的温万兴（温再生）等交通员，与潮梅各地党的领导骨干保持联系，并通过松口旧衣店谢毕真、宋梅通与隐蔽在大埔县大麻莲塘的中共南委联络员李碧山保持密切联系。

第三节　开辟游击点，准备武装抗日

一、加紧恢复组织，领导人民抗日

（一）抗战后期的形势

1944 年 7 月 15 日，中共中央军委发出《关于华南根据地工作给曾生、冯白驹等的指示》，指出："拯救华南人民的责任，不能希望国民党而要依靠我党及华南广大民众。" 7 月 25 日，中共中央又向中共广东省临委和军政委员会发出《中央关于东江纵队开展敌后游击战争的指示》。中共南委联络员李碧山认为必须立即恢复组织活动，领导人民抗日。于是，李碧山主动联络闽西南党的领导人魏金水、朱曼平和潮梅党的领导人林美南等举行多次商议，认为恢复党组织活动和开展武装斗争的条件已经成熟，必须尽快与中共中央取得联系。11 月，李碧山和林美南等经与魏金水、朱曼平再次联络后，在梅县松口召开秘密会议，决定按中央指示尽快恢复党的组织活动。李碧山起草《形势与任务》，提出兴梅地区恢复党的组织活动和开展抗日武装斗争的计划。兴梅党组织在李碧山的领导下恢复活动。

李碧山在考虑恢复党组织活动的同时，也考虑开展武装斗争和建立电台。他首先把疏散到乳源的王立朝和疏散到江西寻乌的一些党员骨干调回来，并派谢毕真去请示中共闽西特委，将在福建永定的军事骨干王振先调来梅县。李碧山向王立朝交流建立抗日游击队韩江纵队的打算，并决定调王立朝去搞武装，安排他到大埔昆仑乡豆夹坑村参加成立韩江纵队的会议。王立朝不久便被派往在丰顺八乡山成立的韩江纵队第五支队担任支队政治委员。

（二）全面开展恢复党的组织活动

梅县党组织恢复始于 1944 年秋。李碧山向谢毕真等人布置了恢复党组织活动的任务。11 月，设在梅县城泰康路隆发米店的潮梅党组织联络站交通联络员张体康，向隐蔽在附城小学的附城区特派员李克平传达林美南的指示，党的组织即将恢复活动。1945 年 1 月初，梅县副特派员陈德强（又名廖秋声）持谢毕真的介绍信，为李克平、温万兴办理了恢复组织关系和布置在附城恢复党员组织关系的工作。

1945 年 1 月，李碧山通知陈明、黄戈平迅速回到梅埔边，负责恢复梅埔边党的组织活动。他们在梅埔边恢复了一批交通联络站党员的组织关系；同时，由陈明负责梅县党组织的恢复和动员青年参军。陈明要何锡全首先了解东山中学留下的党员情况，恢复东山中学党组织的活动。何锡全找到曾绿枝、罗彦群，通过他们再找到罗妙、罗章，经过了解和一定的考察和审查手续，先后恢复了他们的组织关系，于 1945 年 3 月成立了东山中学党小组，由罗彦群担任组长。

在附城区，李克平对原来的党员采取个别审查方式，着重了解各党员在党暂停活动期间执行"三勤"任务、政治思想、工作和生活等情况，了解审查后，经上级批准，逐个办理恢复组织关系手续。一边恢复党员组织关系，一边发展党和建立党的基层组织。1945 年 3 月间，附城党支部建立，李克平任书记，5 月附城党总支部成立，李克平任书记。

在梅城，由陈明恢复了黄集华等一批人的组织关系。在丙村，于 1944 年冬起开始恢复一批党员的组织关系，成立中共丙村区委，设正、副特派员。随后在丙镇中学发展一批学生党员，成立中共丙镇中学支部。在梅西，由黄戈平和温再生到南口、瑶上、大坪、李坑和江西寻乌等地，先后恢复了一批党员。在白渡、梅屏，先后恢复一批人的组织关系。在松源，组织停止活动后，仍坚持斗争、隐蔽在当地的党员王志安、王谦锡、王添官、温广基、王进秀、温文浩等，与谢毕真、王立朝始终保持秘密联系。1945 年春节期间，王立朝回到松源，与他们互通了革命信息，准备恢复组织活动。尔后，经上级批准，他们全部恢复了组织关系。

在农村，首先恢复乡村中小学教师党员的组织关系，建立起党支部或小组，发展一批进步教师和农村妇女夜校学生中的积极分子入党，在党员较多的附城区和梅西区于 1945 年 9 月分别成立了区委。丙村、屏白、梅南、畲江等党员较少的地区则建立区特派员。其次，在附城大中专学校，如南方专校、省商、华南中学、梅州女师、梅州中学、梅州农校、县立中学等学校分别建立党小组或党支部，恢复和发展一批党员。

二、中共梅埔丰边县、梅兴丰边县和梅县工委的成立

1945年2月13日，李碧山在闽南平和县长乐乡成立抗日游击队韩江纵队及留守支队和第二支队。2月26日，在大埔昆仑乡成立韩江纵队第三、四支队。同时，宣布建立中共梅埔丰边工委，开展梅埔丰边和梅县白区党的恢复工作。在三乡、丙村恢复一批党员组织关系，建立中共丙村区委。3月，工作重点转移到梅县，着重开展恢复和发展梅县农村和县城组织工作。1945年11月，重建中共梅埔丰边县委。

1945年3月，李碧山派熊钦海和王振先等到丰顺汤坑恢复党组织，筹建韩江纵队第五支队，不久中共梅兴丰边县工委成立。同年4月，韩江纵队第五支队在八乡山成立。7月，丰顺党组织和第五支队划归潮汕党的领导，至此中共梅兴丰边县工委自行结束。

1945年5月，中共梅县工作委员会成立，机关设在梅城，工作重点是全面恢复党的组织活动，继续审查批准恢复党员的组织关系，在巩固组织的基础上，发展新党员，培训骨干，建立各级党组织。集中较大力量恢复和加强梅县县城的工作，主要是抓好

城市学生工作和做好统一战线工作。截至 1945 年秋，全县共恢复和发展党员 140 多人。

三、开辟游击据点，准备武装抗日

（一）开辟梅埔边游击据点

1944 年冬至 1945 年春，日军在打通湘桂线之后继续南下。驻潮汕日军前锋打到丰顺县汤坑，大有向兴宁、梅县进犯之势，兴梅地区形势紧张。中共南委联络员李碧山决定，加紧恢复党组织活动，组建抗日武装，创建隐蔽的游击据点。将所管范围分成饶和埔、杭武蕉梅、梅埔丰三片，后又逐步明确将全区划分为饶和埔丰、梅埔丰、梅兴丰、梅蕉杭武、埔永梅、梅兴平蕉六大片。

1945 年 3 月 6 日，中共广东省临委转达中央正式批准闽粤赣边的潮汕、梅埔和闽西党组织以开展武装斗争为中心的恢复活动，并决定党的工作由中共广东省临委兼管，指定闽粤赣边区特派员为李碧山，闽西特派员为朱曼平，潮梅特派员为林美南。

为了开辟杭武蕉梅边抗日游击据点，培养武装骨干，开展武装斗争，李碧山决定由梅县副特派员谢毕真带领一批县、区党员骨干先到闽西王涛支队学习军事，然后回杭武蕉梅边开展武装斗争。为了适应抗日战争形势迅速发展的需要，李碧山决定再组建一支战斗力较强的抗日武装。1945 年 6 月中旬，梅埔韩江纵队第一支队在大埔县永兴乡成立。

各支队成立后，立即开辟梅埔边游击据点，放点放线，点面结合，具体做法是：化装成商人，进入山区，每到一处，先摸清情况，然后向群众公开亮出共产党的旗帜；实行放点放线相结合，争取在短期内发展宽广的地区；开展以乡、保长和地方绅士为主要对象的统战工作与发动群众相结合；开展山区工作为主，适当进行平原的农村工作。

（二）开辟梅县游击据点，建立交通线

韩江纵队第四支队主要在梅县境内活动，担负着开辟阴那山、明山嶂、九龙嶂的任务，并进入八乡山与第五支队联系。

1945 年 3 月，第四支队从大埔县昆仑乡出发，到梅县三乡开辟据点。他们公开以韩江纵队是新四军先头部队的名义，开展秘密建点工作，按预定方向路线选点放点，向群众宣传抗日；开展统战工作，争取保甲长和开明绅士支持，形成两面政权；选择可靠群众确定堡垒户，建立交通点或站，使之成为具备安全条件的据点，然后再向前头和周围发展，使点连成线并扩展成面，逐步扩大范围，形成活动区。这种方法当时称为放点放线。

经过三个月的努力，第四支队在梅县的三乡、丙村、西阳，梅南的龙文、大立和丰顺的泥溪、羊西坑、杨梅甲、马图等地建立起隐蔽的抗日据点和通往八乡山的交通线。第三、第四支队在梅埔丰边开辟了明山嶂、铜鼓嶂、北山嶂、九龙嶂等周围 220 多个主要村庄，建立起稳固的据点和交通线，打通与饶和埔、梅兴

丰华、埔永梅边县党组织和抗日武装的联系。

第四支队还与活动在八乡山的第五支队胜利会合，初步实现建队初期制定的关于建立以铜鼓嶂、九龙嶂为中心的梅埔丰边抗日游击根据地的战略目标。

1945 年 8 月，韩江纵队第一支队领导人进行个别调整，王立朝任政治委员，随后第一支队奉命由埔永梅北上，到梅县松源的王寿山与王涛支队会合，共同开辟和发展梅蕉杭武边地区，创建隐蔽据点。

（三）民盟南方总支部组建抗日武装

中国民主同盟（以下简称民盟）南方总支部加强与中共梅县工委合作，决定在梅县建立抗日武装。

民盟南方总支部主要成员李伯球、胡一声、陈启昌、丘克辉、陈柏麟等人在各自家乡——城东、梅南、畲坑、西阳、南口等地组建抗日武装队伍，建立抗日根据地。

同时，民盟南方总支部主要成员郭翘然担任梅兴平蕉埔五县抗日自卫团总指挥政治部主任；民盟南方总支部副主任张文派得力助手担任丙村抗日自卫队队长；附城区中共党员陈华（林惠民）通过丘克辉掌握西阳抗日自卫队；民盟南方总支部组织部副部长陈启昌在畲坑连江村组建抗日自卫队；民盟南方总支部宣传部部长胡一声在梅南成立乡村联防武装。

（四）迎来抗日的最后胜利

全民族抗日战争期间，梅县一直是国民党统治区，虽然未被日军占领，但也遭到日军空袭。据统计，截至 1939 年 6 月，日军空袭梅县城乡 19 次，死伤群众 50 多人，毁坏房屋店铺 40 多间。1935 年下半年开始，中共领导组织抗日救国会和抗日义勇军，成立青抗会、妇抗会、店抗会和学抗会等抗日救亡团体，掀起抗日救亡运动高潮。1938—1939 年，中共梅县中心县委组织动员 100 多名党员和进步青年到闽西参加新四军第二支队，奔赴前线参加抗日武装斗争。1938 年，梅县向抗日前线输送青壮年 3600 多名（不包括参加新四军人数），筹集资金 1.14 万元。全民族抗战期间，梅县共征集兵员达 2 万人。1945 年 8 月 15 日，日本宣布无条件投降。梅县人民迎来抗日战争的最后胜利。

第四章

解放战争时期

第一节　争取和平民主的斗争

一、抗战胜利后的形势

抗日战争后期，梅县党组织不但恢复组织活动，而且得到很大发展。截至1945年12月，已建立中共梅县工委、中共梅埔丰边县工委、中共梅兴丰边县工委、中共梅蕉武埔边县工委等县级党组织和学委及丙村、屏白、附城、梅西等区级党组织，同时，还建立小规模人民武装。

全民族抗战胜利后，梅县人民和全国人民一样，盼望和平民主，也强烈要求国民党地方统治当局减轻田赋租税，赈济灾民，休养生息。然而，国民党当局不但原封不动地保留着战前的一切剥削压迫制度，而且强化法西斯特务统治，引发梅县人民的革命运动。

另外，梅县爱国民主力量长足发展，民盟等民主党派与梅县党组织，乃至闽粤赣边区党组织有密切联系，中共梅县工委还派出党员帮助组建民盟梅县分部。但是，梅县国民党统治力量占绝对优势，军政当局控制着政治、经济、文化和交通要道。依仗军事上的绝对优势，根据广东、广西两省国民党"绥靖"会议部署，加紧实施"绥靖"计划，与地方反动势力相勾结，不断向共产党领导的游击区和人民武装袭击，企图一举消灭中共梅县党组织和人民武装。

二、分散坚持方针的贯彻

1945年8月9日，中共中央发出《关于闽粤赣边工作方针与部署的指示》，指出闽粤赣边工作方针应坚持与发展各地武装据点，实行人民武装自卫。10月24日，中共广东区委发出《当前的斗争形势与工作指示》，要求各级党组织和人民武装必须把分散坚持与分散隐蔽紧密结合起来。梅县地区党组织一方面对韩江纵队实行整编精简，另一方面坚持分散活动，进行武装自卫。

1945年9月初，梅埔韩江纵队第一支队奉命开赴上杭、武平、蕉岭、梅县交界地区开辟新据点。11月上旬，卜人大队重返梅蕉杭武边地区，建立新据点。梅州地区党组织对人民武装的分散发展和保存武装、保存干部的工作作出新的部署，调整中共梅埔丰边县工委领导班子。同时，对梅埔韩江纵队第三、四支队进行整编，只保留武装骨干20多名，改编为梅埔丰边县工委武装工作队，执行巩固老据点与开辟韩江两岸新据点的任务。12月上旬，中共梅蕉武埔边县工委成立。接着，卜人大队和作球大队奉命恢复原梅埔韩江纵队第一支队和王涛支队第二大队番号，各归建制。第一支队仍活动在梅蕉杭武地区。

三、梅县民主学生联合会的成立 与争取和平民主运动

全民族抗日战争胜利后，中共梅县工委在巩固组织的基础上，发展新党员，建立各级党组织。1945 年 9 月，附城、梅西区委和学生工作委员会（简称学委）建立。10 月，中共梅县工委改为特派员制。

为加强梅县工作的领导，梅县党组织在梅城设立了 10 个交通网点和临时接头点。这些交通站点，密切了闽粤赣边党的领导机关和梅县党组织领导人之间的联络，为梅县党组织恢复发展和爱国民主运动的开展打下了良好的基础。

学委按照中共梅县工委的部署，为直接领导学生的爱国民主运动，积极筹备成立党的外围秘密组织梅县民主学生联合会（简称地下学联）。1945 年 9 月初，在梅县附城盘龙桥熊屋召开了有梅县各学校代表参加的代表大会。大会通过梅县民主学生联合会章程，选举钟润民为代表大会主席。会后，各代表回校传达贯彻学联代表大会精神，积极发展地下学联组织。至 1946 年 1 月，在南华学院、广东省立财经专科学校、南方商业专科学校、广东省

立商业学校、东山中学、梅州中学、梅州女师、梅州农校、华南中学、学艺中学、广益中学、乐育中学、梅县县立中学、水白中学、梅北中学、丙镇中学、松口中学等校建立了学联分会或小组，会员达300多人。在中共梅县工委的领导下，学委和地下学联以学校为阵地开展学生爱国民主运动。

此外，中共梅县工委还大力开展统一战线工作，广泛团结民主党派和爱国民主人士，促进梅县爱国民主运动发展。工委书记陈明与中国民主同盟南方总支部主任委员李章达等人经常联系，互相合作，互相支持。为了争取通过民盟的公开合法地位，更有力地推动爱国民主运动的发展，中共梅县工委派党员李国瑶、李国璧到民盟梅县分部任职，密切与民盟上层人士的联系。在宣传和平民主，反对内战独裁，支持学生爱国民主运动的斗争中，做好统一战线工作。

四、隐蔽精干，分散坚持

1946年2月，中共闽粤赣中心县委成立以后，将中共梅蕉杭武埔边县工委人员分为两部分：张克昌派回埔北开展工作；成立中共梅蕉杭武边县委。

同时，韩江纵队第一支队奉命分成数支武工队，在中共梅蕉杭武边县委领导下，深入蕉岭的南礤、北礤，梅县的松源、嵩山、白渡、隆文、悦来一带山区开展群众工作，建立隐蔽活动据点。

韩江纵队第三、第四支队整编为梅埔丰武装工作队，继续深入巩固和扩大游击根据地，逐步做好定点、编组，生产转化，分散隐蔽，坚持斗争。

同时，加强了党的领导，1946年4月，中共闽粤赣中心县委决定将中共梅埔丰边县工委改为中共梅埔丰边县委。

此时，梅埔丰地区党和武装在已经初步实行分散、隐蔽、转化的基础上，再次实行转化；继续精简，疏散一部分武工队员到社会上以公开合法的身份隐蔽，实行外部转化。

1946年2月，梅西武装工作队组建，武工队以梅西为中心，在梅、兴、平、蕉边境地区，采取秘密、半公开、公开的方式开展各项工作。

经过3个多月努力，武工队建立起梅南、荷泗、南口乌鸦落洋、瑶上松林坪、瑶美、梅西礤下、梅子林、双坳背、梅北花树下、南水坑、蕉岭鸭数里、梅北巴庄、石扇、蕉岭石丰径、新铺众多据点，打通梅兴丰（五）华、梅兴平蕉、梅蕉杭武、闽西南行军路线。

1946年8月，中共梅县特派员廖伟传达党中央对南方工作必须继续贯彻"隐蔽精干，长期埋伏，积蓄力量，以待时机"的方针，决定解散梅西武工队。

五、全面开展白区工作

1946 年春，中共闽粤赣中心县委提出"保留精干，实行分散发展，坚持已得阵地，疏散非军事干部，加强白区工作"的方针。梅县白区党组织到梅西组建武工队，创建游击根据地；1946 年 2 月，到梅南恢复和开辟游击据点，组建梅丰边武工队。

1946 年 8 月，梅县（白区）副特派员杨扬去惠州，9 月特派员陈明调至中共香港分局工作，由廖伟接任特派员，黄戈平为副特派员，继续巩固扩大游击据点。

中共梅县白区党组织加紧扩大山区游击据点，及时成立武工队，游击区工作逐步发展。1947 年，丰北武工队和畲江武工队建立，建立据点 60 多个，打通与丰顺、八乡山的联络交通线。1947 年 4 月，重建梅西武工队，开辟据点 20 多个。至此，为建立梅南、梅西游击根据地打下坚实基础。

1947 年 5 月，香港分局调陈明回闽粤赣参加武装斗争。中共闽粤边工委扩大会议总结了白区工作的经验教训，决定成立白区工作部。1947 年 8 月，陈明调回梅县白区任特派员，廖伟调入梅丰边山区建立游击根据地，组建边县党组织和武装队伍。

陈明与副特派员黄戈平共同研究白区工作，主要集中力量扩大游击区，重点放在开辟梅西、梅北游击据点。1947 年暑假后，由于学生党员绝大部分毕业离校，输送到山地游击区去了，下半年在政治基础较好的东山中学、梅州女师、梅北中学、学艺中学等校，重新吸收一批党员，建立学校党支部。

梅县白区党组织还在学校建立新民主主义青年团（简称新青团）组织。香港分局输送回来的同志中有些是团员，带有新民主主义青年团团章，梅县白区党组织将其翻印后发给各地党组织和党员，要求按照团章规定在青年学生中发展"新青团"。

随着梅南、梅西、梅北等山地游击区的扩大，梅县白区党的活动范围逐步缩小，主要在梅县附城和丙村。由区级特派员王棉贤、副特派员李剑锋负责，主要抓好学生工作。同时建立梅城交通站，与梅南、梅西、梅北、丙村三乡等山地游击区取得密切联系，为山地游击区服务。

梅县白区党组织在广大农村建立了许许多多的游击据点，培养和发展了大批党员。据不完全统计，截至1946年9月，共恢复了党员140多人，发展党员80多人。梅县白区党组织为创建梅兴丰华和梅兴平蕉边县游击根据地作出了重要贡献。

第二节　开展武装斗争，
　　建立游击根据地

一、积极贯彻"先粤东后闽西南"战略方针

（一）中共中央、广东区党委关于恢复武装斗争的指示

1946年11月6日，中共中央发出《对南方各省工作指示》，指出：在目前全面内战的形势下，南方各省乡村工作应采取两种不同方针，凡有可能建立公开游击根据地者，应即建立公开游击根据地。11月17日，中共中央又致电中共中央代表方方和广东区党委书记尹林平，指出目前华南干部应尽可能下乡或回归部队，坚决执行中央11月6日对华南游击战争的指示。

11月27日，广东区党委作出恢复武装斗争的决定，提出"实行小搞，准备大搞"的武装斗争方针。1947年1月，广东区党委又发出《关于武装工作意见》，指出：各地党组织首先必须整理现有的武装力量并建立主力，同时加以训练和提高战斗力，以作为恢复武装斗争的准备，然后以反对"三征"（征粮、征税、征兵）

为口号，发动各阶层人民起来反抗国民党的暴政；发动游击战争的方针"不是大搞，而是小搞"，"由小搞中建立点线基础，准备好大搞的条件"；游击战争的作战原则是"避免打硬仗，保存实力为主"，重点放在"边境山区和主要交通线上"；人民武装的活动形式以分散为主。

（二）"先粤东后闽西南"战略方针的贯彻

1947年1月初，陈明从香港返回闽粤边区，向中共闽粤边工委领导人魏金水、王维等传达中共中央和广东区党委关于恢复发展武装斗争的指示与决定，以及方方和广东区党委提出的具体建议：中共闽粤边工委可以先在原闽西南根据地发动农村游击战争，粤东地区待条件成熟后再发动。

魏金水和王维在听取了陈明的传达后，在福建省永定县召开中共闽粤边工委干部会议，认真学习中共中央和广东区党委的指示与决定，客观分析闽粤边区的敌我形势，讨论方方和广东区党委关于先在闽西南发动游击战争的建议。

中共闽粤边工委最后确定"先粤东后闽西南"的游击战略方针。为了贯彻"先粤东后闽西南"的战略方针，1947年5月中旬，中国人民解放军粤东支队在大埔青溪成立。由中共闽粤赣边区工委（原中共闽粤边区委，1947年3月上旬改名）和中共梅埔地委双重领导。

粤东支队的成立，为在整个闽粤赣边区大规模开展游击战争奠定了基础。

二、全面开展武装斗争，建立游击根据地

1947 年 8 月 8 日，中共粤东地委在大埔县洲瑞召开第一次执委扩大会议，传达边区工委扩大会议精神，研究部署开展游击战争问题。会议后，梅埔丰地区分别成立中共梅埔边县委和中共埔丰边县委。8 月，中共梅埔边县委在梅县三乡成立，同时，组建梅埔边县人民游击队。10 月，组建梅兴丰华边县人民游击队。12 月，以梅西武工队为基础，组建梅兴平蕉边县人民游击队。各边县人民游击队的成立为配合粤东支队开展武装斗争提供了有利的条件。

1947 年 9 月 18 日，中共闽粤赣边区工委提出加速准备力量，迎接大军南下，壮大人民武装，配合全国总反攻，推翻闽粤赣边国民党的反动统治，同时确定各级党组织和人民武装的游击战争方针。中共粤东地委、粤东支队共同拟订了游击战争计划，对粤东支队和各边县游击队的行动作了统一部署，选定梅埔丰边为出击基地，以大埔县大麻镇为出击目标。10 月 22 日，粤东支队在梅埔、埔丰边县委和游击队的配合下，化装成赴圩的群众奇袭大埔县大麻镇之敌，取得首次胜利。

10 月 25 日，国民党广东省第六行政区保安司令部急调大埔、梅县共 6 个保安警察中队向梅县三乡奔袭而来。28—30 日，粤东支队在中共梅埔边县委和游击队配合下，出击三乡，经两天一夜顽强战斗，取得三乡歼敌胜利。三乡歼敌之后，三乡当即有 30 多名青年报名参加粤东支队和梅埔边游击队。同时，梅埔边游击队

于 10 月 30 日晚连夜出击，摧毁三乡乡公所。埔丰边、梅埔边游击队也趁粤东支队歼敌之机，在周围几十公里范围内发动群众反抗反动分子。广大青年踊跃参军，部队迅速发展壮大。

粤东支队在大麻出击、三乡歼敌之后，于 1947 年 11 月中旬转移到马图。经过休整，兵分三路向梅兴丰华边、梅兴平蕉边和饶和埔丰边进发，在粤东各县加快开展游击战争。

在梅兴丰华边，1947 年 11 月下旬，在边县游击队、武工队的配合下，粤东支队主力再次挥戈梅兴丰华边地区，发动群众，打击敌人，破仓分粮。一个多月出击 19 次，先后摧毁和消灭梅县水车、龙文、罗衣、荷田，丰顺马图、大田、仙洞、黄金和五华石团的反动武装 9 个。1948 年 1 月 1 日，边县游击队在畲江武工队配合下，突袭梅兴边境松林坝，全歼守敌兴宁县自卫中队刘守胜分队。下旬，边县游击队配合荷泗武工队夜渡梅江，摧毁荷泗太平寺乡公所。2 月上旬，粤东支队配合独三大队和畲江区中队，奔袭五华县郭田石团村原国民党军需黄乔元家。2 月 20 日，独三大队在畲江武工队的配合下，包围神前寨村，逮捕土匪头子杨荣元、刘福祥，并予以处决。一系列战斗的胜利为开辟梅兴丰华边游击根据地奠定基础，创建方圆近百公里、人口约 20 万的游击根据地，包括梅县的梅南、水车、长沙、畲江、径义、荷泗、水白、程江、扶大、白宫、西阳、东郊，兴宁的宋声、下堡、水口、径南，丰顺的丰良、龙岗、黄金、大龙华，五华的郭田、坪上等地。

在梅兴平蕉边，1947 年 11 月下旬，粤东支队第三中队的 1 个小分队，西渡梅江，再次进入梅兴平蕉边区开展游击活动。12

月 12 日，小分队在梅西武工队配合下，攻打梅县石扇乡公所。17 日，梅西武工队配合小分队攻打兴宁石马乡公所。1948 年 2 月 16 日，独四大队在梅平武工队配合下，夜袭平远县大柘乡公所、警察所、保警中队。20 日，独四大队在梅平武工队配合下，轻取平远坝头乡公所。3 月 5 日，独四大队在梅北武工队的配合下，袭击蕉岭县新铺第六行政区保安副司令林君绩家。14 日，独四大队和梅平武工队强攻平远石正自卫队。19 日，独四大队、梅平武工队攻打江西省寻乌县茅坪乡公所。23 日，独四大队回师平远，攻打八尺自卫队。独四大队开辟了大小游击据点 50 多个，为开辟武装斗争创造了广阔的回旋余地，创建包括梅县南口、瑶上、大坪、梅西、石坑、荷泗、扶大、程江、城东、石扇、城北，兴宁县径心、径南、石马、黄陂、黄槐等地，平远县全境和蕉岭县新铺、三圳、徐溪以及江西省寻乌县一部分地区在内的纵横 100 多公里、人口十余万的游击根据地。

在梅蕉杭武边，1947 年 5 月，中共梅蕉杭武边县委成立，梅蕉杭武边县人民游击队建立，年底蕉岭武装工作团成立。边县游击队于 8 月在福建省武平县象洞捕获恶霸魏凌轩，并予以处决。9 月 22 日，游击队在松源老圩逮捕枪毙了恶霸何伟三，同时积极发动群众开展反"三征"斗争和政治宣传。11 月 16 日，边县游击队袭击蕉岭县南砾乡公所和自卫队，20 日摧毁尧塘乡公所及自卫队，24 日开进桃源乡公所。12 月下旬，边县游击队开赴松源，创建包括梅县松源、隆文、桃尧、白渡、松口，蕉岭县高思、蓝坊、南礤、北礤、三圳、广福、徐溪，福建省上杭县县城、上都、中都、湖洋，武平县象洞、岩前以及永定县峰市等地纵横百余公里、人口约 15 万的游击根据地。

三、边县委和独立大队的成立

1948 年 1 月中旬，中共粤东地委在丰顺马图召开第二次执委扩大会议。会议传达了中共中央香港分局关于消灭地方反动武装越多越好、发动群众越普遍越好、开展游击战争越广泛越好的指示。会议决定，各区域立即成立县委，将各边县游击队统一改编为独立大队，受粤东支队和边县委双重领导。统一规定番号为中国人民解放军粤东支队独立第 × 大队：埔丰边为独立第一大队，梅埔边为独立第二大队，梅兴丰华边为独立第三大队，梅兴平蕉边为独立第四大队，饶和埔丰边为独立第五大队，埔永梅边为独立第六大队，梅蕉杭武边为独立第七大队，地委直属的一个税收大队为独立第八大队，后来还成立海洋大队。

（一）与梅县有关联的边县委

中共梅埔丰边县委员会。1946 年 4 月，中共梅埔丰边县工委转为中共梅埔丰边县委。7 月，中共梅埔丰边县委与中共饶和埔丰边县委合并组成中共大埔县委。11 月，撤销中共大埔县委，分设饶和埔丰诏、梅埔丰和埔北 3 个边县，梅埔丰边县设立特派员。

1947 年 8 月，撤销梅埔丰边县特派员，分设中共梅埔边县委和中共埔丰边县委。1948 年 9 月，中共梅埔边县委和中共埔丰边县委合并为中共梅埔丰边县委，隶属中共粤东地委（1948 年 11 月改称中共梅州地委）。其辖区和活动范围包括梅县的三乡、丙村、雁洋、西阳、白宫、城东、白渡、松北、松南，大埔县的银江、英雅、三河、大麻、洲瑞、古埜，丰顺县的砂田、小胜、大龙华、径门、黄金、潘田，面积约 1700 平方公里，人口约 18.5 万。建立了三乡、锦西、大龙华、砂胜、英雅、大麻、洲瑞、银江 8 个区委。1949 年 6 月，撤销中共梅埔丰边县委，所辖地区和组织分别划归梅县、大埔、丰顺县建制。

中共梅兴丰华边县委员会。1947 年 9 月，在中共粤东地委和梅县（白区）特派员的领导下开始筹建边县委，1948 年 1 月成立边县工委，隶属中共粤东地委。11 月正式成立边县委，隶属中共梅州地委，建立畲江、梅南、丰北、荷泗、华区、水白 6 个区委和九龙区党组织。1949 年 6 月，撤销中共梅兴丰华边县委，所辖地区和组织分别划归梅县、兴宁、丰顺、五华县建制。

中共梅兴平蕉边县委员会。1948 年 1 月底成立边县工委。5 月正式成立边县委，隶属中共粤东地委。11 月，梅兴平蕉边县的蕉岭部分分出与梅蕉杭武边县的蕉岭部分合并成立中共蕉岭县工委，梅兴平蕉边县委改名为梅兴平边县委，隶属中共梅州地委，建立梅北、梅西、长平、梅兴边、南瑶锦、梅平边 6 个区委。1949 年 6 月，撤销中共梅兴平边县委，所辖地区和组织分别划归梅县、兴宁、平远县建制。

中共埔永梅边县委员会。1948 年 6 月，根据中共闽粤赣边区工委、中共粤东地委、中共闽西地委商议决定，由永和埔靖边县委分出成立隶属于中共粤东地委的中共埔永梅边县委。其辖区和活动范围东起大埔大宁，西至梅县松口，南接大埔三河，北连永定峰市，面积约 900 平方公里。建立永平、长富、松东、梓永、石峰 5 个区委。1949 年 6 月，撤销中共埔永梅边县委，其辖区和组织分别划归大埔、永定、梅县建制。

中共梅蕉杭武边县委员会。1946 年 2 月成立中共梅蕉杭武边县委，隶属中共闽粤赣中心县委。12 月撤销中共梅蕉杭武边县委。1947 年 5 月，重建中共梅蕉杭武边县委，隶属中共梅埔地委（6 月改称中共粤东地委），建立松源、桃尧、松口、隆文、白渡 5 个区委。1949 年 6 月撤销中共梅蕉杭武边县委，其辖区和组织分别划归梅县、蕉岭、上杭、武平县建制。

（二）与梅县有关联的独立大队

中国人民解放军粤东支队独立第二大队（以下简称独二大队）。1947 年 8 月，中共组建梅埔边县人民游击队；1948 年 2 月，将其改编为中国人民解放军粤东支队独立第二大队；同年 10 月，编入粤东支队直属第四团。独二大队在粤东支队和梅埔边县委的直接领导下，转战梅埔边，从建队时的 1 个班十多人发展到 3 个中队 300 多人，历经大小战斗 20 多次，摧毁国民党乡公所和自卫队十多个，缴获各式枪支 300 多支和子弹等物资一大批，共毙伤俘敌 400 多人，为梅埔边区的解放创造了条件。

中国人民解放军闽粤赣边纵队第一支队独立第三大队（以下简称独三大队）。1947 年 10 月，在共产党的领导下，组建梅兴丰华边人民游击队，受中共粤东地委和梅县（白区）党组织双重领导。1948 年 1 月，将其改编为中国人民解放军粤东支队独立第三大队，受粤东支队和中共梅兴丰华边县工委（后改为边县委）领导。1949 年 1 月，该大队改称中国人民解放军闽粤赣边纵队第一支队独立第三大队。5 月初，独三大队 2 个中队与海洋大队 1 个中队合编为边纵第一支队独立营。5 月中旬，兴梅各县先后解放，独立营奉命接管梅县；6 月，独立营改编为第一支队第五团。中共梅兴丰华边县委书记姚安奉命率独三大队部分队伍接管兴宁，6 月 4 日，与中共梅兴平边县委副书记肖刚率领的接管兴宁的部分独四大队队伍合编为第一支队第六团。独三大队在第一支队和梅兴丰华边县委的直接领导下，转战梅兴丰华边，从建队时的 20 多人发展到 200 多人，历经大小战斗 30 多次，先后摧毁国民党广东第六"清剿"区驻畲坑第二指挥所和 30 多个区乡公所、警察所、自卫队，缴获各式枪支 1000 支以上和子弹等物一大批，共毙伤俘敌 600 多人，为梅兴丰华边区的解放创造了条件。

中国人民解放军闽粤赣边纵队第一支队独立第四大队（以下简称独四大队）。1947 年 12 月，梅兴平蕉边人民游击队成立，受中共粤东地委和梅县（白区）党组织双重领导。1948 年 1 月，游击队改编为中国人民解放军粤东支队独立第四大队，受粤东支队和梅兴平蕉边县工委领导。1949 年 1 月，该队伍改编为中国人民解放军闽粤赣边纵队第一支队独立第四大队。5 月中旬，兴梅各县先后解放，独四大队奉命接管平远县，改编为第一支队第八团。独四大队在第一支队和梅兴平边县委的直接领导下，转战梅兴平蕉边，从建队时的30多人发展到400多人，历经大小战斗20多次，共摧毁国民党区乡政权14个，歼敌县警中队、自卫队8个，缴获各式枪支3000多支和子弹等物一大批，共毙伤俘敌280多人，为梅兴平蕉边区的解放作出了贡献。

中国人民解放军闽粤赣边纵队第一支队独立第六大队（以下简称独六大队）。1947年9月，埔永游击大队成立，受粤东地委和埔永工委领导。1948年1月，该游击队改编为中国人民解放军粤东支队独立第六大队，受粤东支队和中共永和埔边县工委领导。1948年6月，独六大队大部分人员组成永和埔独立大队，归闽西支队领导；原独六大队第二中队扩编为独六大队，受粤东支队和埔永梅边县委领导。1949年1月，扩编后的独六大队改编为中国人民解放军闽粤赣边纵队第一支队独立第六大队；6月，改编为大埔独立团。独六大队在第一支队和中共埔永梅边县委的直接领导下，转战埔永梅边，从建队时的20多人发展到100多人，历经大小战斗20多次，缴获各式枪支500多支和子弹等物一大批，共毙伤俘敌120多人，为埔永梅边区的解放作出了贡献。

中国人民解放军闽粤赣边纵队第一支队独立第七大队（以下简称独七大队）。1947年5月，梅蕉杭武边县人民游击队成立，受中共粤东地委和梅蕉杭武边县委领导。1948年2月，游击队改编为中国人民解放军粤东支队独立第七大队。1949年1月，又改编为中国人民解放军闽粤赣边纵队第一支队独立第七大队。

5月，改编为第一支队独立第十一营。独七大队在第一支队和中共梅蕉杭武边县委的直接领导下，转战梅蕉杭武边，从建队时的十多人发展到450多人，历经大小战斗50多次，缴获各式枪支1100多支和子弹等物一大批，共毙伤俘敌710多人，为梅蕉杭武边区的解放作出了贡献。

中国人民解放军闽粤赣边纵队第一支队海洋大队。1948年11月，中国人民解放军粤东支队海洋大队成立，1949年1月，改编为中国人民解放军闽粤赣边纵队第一支队海洋大队，受第一支队和中共梅埔丰边县委领导。

6月，海洋大队整编为第一支队梅县独立第五团。海洋大队在第一支队和中共梅埔丰边县委的直接领导下，转战梅埔丰边，从建队时的十多人发展到全盛时期的130多人，历经大小战斗十多次，缴获各式枪支100多支和子弹等物一批，共毙伤俘敌100多人，为梅埔丰边区的解放作出了贡献。

中国人民解放军闽粤赣边纵队第一支队独立第十大队（以下简称独十大队）。1949年1月，中国人民解放军闽粤赣边纵队第一支队独立第十大队组建成立，直属中共梅州地委领导。

独十大队从建队时的十多人发展到全盛时期的100多人，活动于梅县的梅屏内、外乡和丙村金盘、横石一带，主要任务是控制梅丙和梅松两条公路交通、通讯以及石窟河的过往船只，伺机骚扰和消灭敌人。

四、发动群众建立农会、民兵组织

1948 年 2 月，中共闽粤赣边区工委在《中共闽粤赣边区工委四项具体工作》中指出，"大量组织民兵，普遍组织农会"。梅州地区各级党组织深入宣传发动群众，以村为单位，普遍建立农会和民兵组织，如梅埔丰边县有农会会员 3 万多人，民兵 2000 多人；梅兴平蕉边县有农会会员 2 万多人，民兵 1000 多人。

在各区委的直接领导下，农会组织首先带领农民群众开展度荒斗争。发动农民群众提早春耕，多种杂粮、蔬菜和各种早熟作物，帮助解决土地、耕牛、农具、种子、肥料等困难。其次，各地农会配合武工队，领导群众开展反"三征"和减租减息运动。通过开展反"三征"和减租减息运动，广大农民得到实惠，积极要求参加农会，使农会组织成为有权威的群众组织，实际上起到了农村政权的作用，形成一切权力归农会的局面。

民兵组织拥有一定数量的枪支弹药，协助武工队放哨、送情报、收缴民枪、没收地主财物，配合部队作战，保卫人民群众的利益，在实际斗争中经受了考验，推动了游击根据地的巩固和发展。

五、开展统一战线工作

统一战线是中国共产党克敌制胜的三大法宝之一。梅县地方各级党组织十分重视统战工作，对国民党地方军政人员、基层政权、开明士绅、华侨、失意军人等，开展广泛而深入细致的统战工作，为开展武装斗争创造了有利条件。

1946年2月，梅西武工队成立以后，按照梅县党组织的部署，认真做好上层人物和乡、保长的统战工作，根据不同对象，采取不同形式进行工作。对比较开明的，通过社会关系与其联系或直接上门做好说服教育工作，使其为共产党服务；对于必须控制的村庄的一些反动乡长、保长，则派武工队员住到其家中去，通过警告和教育，约法三章，使其中立或转化过来为共产党所用。

中共梅兴丰华边县委和独三大队把争取上层人物的支持与建立农村两面政权作为配合武装斗争的重要手段。中共梅埔丰边县委积极主动灵活开展统战工作，在敌人占领地区建立两面政权，以控制局势，减少对群众摧残，有力地配合了边县的各项斗争。

统一战线工作的成功开展，为创建和巩固游击根据地起了非常重要的作用。

第三节　粉碎国民党的进攻

一、中共粤东地委粉碎国民党进攻的对策

1947年7月，中国人民解放军从战略防御转入战略进攻。1948年春，人民解放军通过冬季整训和进行新式整军运动后，又相继发起春季攻势。国民党反动政府为了经营华南内战基地，以挽救全面崩溃的危机，委派宋子文任广州行辕主任、广东省政府主席和广东省保安司令。宋子文一到广州就着手部署对华南人民武装的进攻。

1948年1月下旬，广州行辕设立闽粤边区、粤桂边区、粤赣湘边区三个省际边区"剿匪"总指挥部和若干个县联合的"剿匪"指挥所。其中闽粤边"剿匪"总指挥部在广州成立后移驻梅县松口镇，由国民党原第九战区参谋长涂思宗中将任总指挥，专门负责对闽粤边人民武装力量进行"清剿"。

1948年3月15日，国民党闽粤边区"剿匪"总指挥部（简称闽粤边"剿总"）从广州移驻梅县松口途中，总指挥涂思宗在大埔县大麻镇召开军事会议，部署第一期"清剿"，制定所谓"十字

扫荡"军事行动方案。

面对国民党军事"清剿",中共闽粤赣边区工委根据香港分局《粉碎蒋宋进攻计划,迎接南下大军的指示信》精神和《关于形势问题》的指示,指出目前全国性新的革命高潮已经开始到来,因此,边区党和人民武装的反"清剿"战争"决不是防御,而是以进攻粉碎进攻"。

1948年4月1日,中共闽粤赣边区工委机关报《新民主》发表《粉碎敌人的重点进攻》的社论,号召边区各级党组织和各人民武装对敌斗争。4月6—7日,边区工委接连发出《告乡长保甲长绅耆父老书》《告保安团队官兵书》,奉劝国民党保安团官兵顺应历史潮流,站到人民方面来。4月18日,边区工委又发出《为粉碎敌人的进攻致各地委各支队的一封信》,提出具体斗争方针和策略。

在此期间,中共粤东地委对梅州地区的敌情作了具体的分析,认为涂思宗到粤东之后,计划有三个部分:第一,组织重兵重点进攻,企图消灭或削弱人民武装力量,占领破坏群众堡垒,阻止其继续壮大发展;第二,拉拢地方反动势力,组织地方反动武装,办团防,筑碉堡,恢复政权,恢复"三征",充实人力物资钱粮,巩固基地;第三,积极扩充训练部队。针对涂思宗的"清剿"计划,地委作出具体部署,号召各级部队必须粉碎敌人的阴谋。

在中共闽粤赣边区工委、中共粤东地委的领导下,各边县党组织和军民开展了艰苦卓绝的反"清剿"斗争。

二、粉碎国民党的军事"进剿"

（一）粉碎涂思宗的"十字扫荡"

1948年3月中旬，涂思宗到任后，开始连续对梅州各边县游击根据地实行"扫荡"和"清剿"。粤东支队和各边县人民武装在避敌锋芒的同时坚持顽强抵抗。

3月2日凌晨，粤东支队和独七大队对蕉岭县城发动袭击取得胜利。随后，粤东支队和独七大队分散于松源、桃源、尧塘、南磜、北磜和武平象洞等地，发动群众，扩充队伍，建立统一战线，从而巩固和发展梅蕉杭武边游击根据地。

1948年3月23日，敌"剿总"参议、梅县自卫总队队长梁国材率县保警和粤保五团第三营从丙村，粤保十二团第一营从白宫，向梅埔丰边县游击根据地的铜鼓嶂和阴那山进行"搜剿"。第六"清剿"区（兴宁）保警独九营则从水车、新塘向梅南山区堵击。24日，独二大队在雁洋大石背袭击梁国材所率保五团三营和自卫总队一部。

3月下旬，敌"剿总"总务处处长陈英杰率部向粤东支队和独七大队进攻。4月1日，敌人进攻松源旱寨子扑空后转向水涨田，被粤东支队击退。5月，国民党梅县县长张简逊率队从隆文到松源，在新田火烧坑与粤东支队第一中队遭遇，不敢再前进。各路敌军连日进山"搜剿"，食宿困难，疲劳不堪，一无所获，先后退守据点。

1948 年 3 月 28 日，独二大队第一中队攻打三河警察所。4 月 17 日，独二、独一和独八大队突袭丙村镇，摧毁镇公所、警察所、税务所。丙村战斗的胜利，使涂思宗顾此失彼，牵制了敌人向游击根据地进攻的脚步。

1948 年 6 月初，涂思宗调集兵力，分三路进攻梅埔丰游击根据地的银江坪上一带村庄。6 月 3 日，粤东支队集中兵力打击三路敌军中最强的一路。至此，涂思宗的所谓"十字扫荡"以失败告终。

在粤东支队主力打破国民党对梅埔丰游击根据地重点进攻的同一时期，各边县人民武装也积极捕捉战机，主动出击，有力地配合了粤东支队主力的反"扫荡"战斗。

梅兴丰华边的武装斗争。1948 年 5 月下旬，国民党粤保十二团进攻梅南山区。29 日晨，独三大队发动粟畲肚战斗。战斗结束后，南坑、顺里、蓝井、黄砾一带山区的民兵和群众欢庆胜利。6 月中旬，独三大队在荷泗武工队配合下，摧毁荷泗乡公所和太平寺自卫队。下旬，独三大队和独四大队配合作战，在梅南罗衣塔附近击退粤保安团进攻；畲江区中队在当地赤岭民兵配合下，摧毁双上、江头村、义和楼和松棚 4 处联防自卫队。

梅兴平蕉边的武装斗争。涂思宗成立梅县、兴宁、平远、寻乌、龙川五县联防指挥部，对梅兴平蕉边游击根据地作重点进攻。中共梅兴平蕉边县工委召开会议，决定让独四大队避敌锋芒，挺出外围，到寻乌边境开辟新区。1948 年 6 月上旬，独四大队集中梅西、梅北两个分队 40 多人在大坪湖洋背整训时，发动左犁壁伏击战，助推梅西革命热潮。

梅蕉杭武边的武装斗争。独七大队先后消灭桃源、尧塘敌重建的自卫队，随后推向蕉岭县蓝坊，开辟新区。1948 年 6 月，部队在桃尧横径与闽保三团薛营战斗，在蕉岭县南礤小蕉坑反击进攻之敌。

永和埔边的武装斗争。1948 年 3 月 23 日，涂思宗集中大批兵力，从松口和大埔分两路向松东三塔、下井大举进犯。独六大队兵分两路迎击来敌，松东武工队和民兵、群众分别跟随部队登山参战。

各边县人民武装力量在这次反"清剿"斗争中经受了锻炼，改善了装备，提高了作战能力和指挥水平，游击根据地得到了进一步发展。

（二）粉碎涂思宗的"分区驻剿"

1948 年 7 月，在"十字扫荡"计划破产后，涂思宗按照"清剿"计划炮制"分区驻剿"方案。在"分区驻剿"期间，各边县人民武装不断袭击"驻剿"敌人和地方自卫队、团防等反动武装。

7 月下旬，独一大队分散活动；独二大队在三乡、雁洋交界地方活动，伏击雁洋自卫队。

7 月上旬，独三大队会同畲江区中队和部分民兵伏击粤保十二团 1 个连，下旬打退粤保十二团向梅南山区的南坑、顺里、呈石等地"进剿"，8 月上旬攻打丰北银窟团防，配合畲江区中队夜袭径心警察所和联防自卫队。

7月中旬，独四大队分三路突然包围联防自卫队，接着又夜袭驻大圩县警中队。

8月，独七大队在尧塘练坑击退闽保三团进攻，全歼隆文自卫队。经过粤东支队2个多月斗争，国民党的"分区驻剿"方案也宣告破产。

（三）抓住战机打击敌人

"十字扫荡""分区驻剿"被粉碎后，各边县人民武装陆续消灭敌人重点进攻时恢复起来的国民党区、乡政权和自卫队，游击根据地得到扩大和巩固，呈现农村包围城市局面。

1948年9月下旬，独三大队在梅南呈公坪休整。9月28日，国民党梅县自卫总队再次进攻梅南游击区，独三大队抢登山头将敌击退。

11月上旬，独三大队在畲江区中队配合下，在梅丰边大水坑伏击丰顺县派遣的特务叶某，抓获后将其就地处决。

同时，梅南区中队分头出击，摧毁水车安和岗和官塘川风凹两处联防自卫队。12月，在梅兴丰华边县委策动下，梅县县警中队中队长林国英投奔梅南游击区，受到边县委、独三大队和广大军民热烈欢迎。

1948年10月22日，独四大队在铁山嶂一带准备消灭盘踞在澄坑的敌兴宁县自卫队谢海筹部，因向导带错路，错过机会未打成，折回葛藤窝时，反遭谢海筹部跟踪追击。我方部队闻讯后即登铁山嶂居高临下组织反击，敌见势不妙仓皇败退。

三、粉碎国民党的政治"清剿"及经济封锁

（一）粉碎国民党的政治"清剿"

涂思宗的"清剿"计划，包含军事进攻、政治"清剿"、经济封锁，叫嚣要用总和力量同"共匪"决战。政治"清剿"，就是推行"绥靖"政策，采取政治"清剿"、特务渗透、收买策反等办法。实行联保联座，发动所谓"自新不杀"的"自新运动"，以"打则烧光、抢光，不打则不烧不抢和不恢复三征"为钓饵欺骗群众。企图恢复其区、乡政权，强化保甲。还到处派遣特务，安插据点，收买安置一批情报员为其耳目，刺探军情。为配合军事进攻，大造反革命舆论，连续发表所谓《致粤东边区负责魏金水等三人的公开信》和《告闽粤赣匪区同胞书》。颁布一大堆"清剿"口号和办法，其中包括"联保联座法"和"移民并村"政策，以及警告、敲诈进步的商号、华侨、开明士绅，动辄以"通匪""济匪"论处等，妄图达到"一分军事九分政治"之效。

针对敌人的阴谋，各边县委、独立大队、武工队根据中共闽粤赣边区工委 1948 年 4 月 18 日的指示和中共粤东地委 5 月干部会议的部署，展开反击敌人政治进攻的斗争。敌人要摧残群众，党组织则坚持县不离县，区不离区，就地领导群众与敌人作斗争，保护群众利益，坚定群众信心；敌人搞怀柔欺骗，党组织则加强宣传，用事实揭露敌人的欺骗；敌人搞特务渗透，党组织则加强内部审查，开展群众性的锄奸反特活动和反间谍措施；敌人搞收

买政策，党组织则加强气节教育，将计就计给予反击；敌人恢复区、乡政权，组织反动武装，党组织则坚决镇压其首恶，恢复一个摧毁一个。

（二）粉碎国民党的经济封锁

1947 年 12 月，中共闽粤赣边区工委和中共粤东地委决定在韩江建立税收队。12 月 30 日，韩江税收队成立，随即到大埔属群众基础较好的水兴口、阴那口等地试行收税。1948 年 2 月，独八大队在梅县三乡成立，负责韩江税收。4 月，中共梅兴丰华边县委决定成立梅江税收队。7 月，中共梅蕉杭武边县委决定成立小河（石窟河）税收队。

各税收队依靠沿江群众，做好国民党上层统战工作，取得他们的支持和配合，发动群众报告敌情，封锁消息，帮助搬运、贮藏和转送物资。并做好船主、船工和货主的工作，取得他们的配合，做到从开始强行收税，到后来他们主动靠岸交税、约点交税，甚至还通报消息，如船上有敌人护航，他们则在船上做记号，机动灵活地与护航敌军作斗争。船上护航的敌兵只能控制船队靠岸，无力抗击陆上攻击，税收队则根据船上信号，抓住敌军只能坐守船上的弱点，或拦截痛击，或放其前队向后队收税。在敌人陆上设点驻兵时，敌变我也变，采取声东击西先引走敌军后收税、设伏引敌先歼敌后收税、变更站点易地收税等办法，使敌人的水陆配合也阻止不了收税，粉碎敌人的经济封锁。

第四节　解放全梅县，建立新政权

一、香港分局和边区党委的部署

辽沈、淮海、平津三大战役取得伟大胜利，国民党赖以维持其反动统治的主要军事力量基本上被摧毁，为中国革命在全国的胜利奠定了基础。

1949 年元旦，蒋介石发表"求和"声明。毛泽东在新年献词《将革命进行到底》中发出号召。

1 月 14 日，毛泽东发表《关于时局的声明》，得到各民主党派、无党派民主人士和各阶层群众拥护。1 月 21 日，蒋介石宣告"引退"，李宗仁代理总统。

李宗仁虽表示愿意和谈，但他们只是为了谋求划江而治。

国民党闽粤当局为了"清剿"人民革命武装，反复修改"清剿"计划，实行"分区清剿，政治清乡"。

国民党广州绥靖公署还指示闽粤边"剿匪"总司令部，定于 1 月 9 日在梅县召开"清剿"会议，部署国民党陆军三二一师、粤保安第十二团向粤东人民武装继续"清剿"。

此时，闽粤赣边区的敌我力量已发生了根本变化。

就梅州地区来说，至 1948 年底，梅州军民已粉碎了敌人的两期"清剿"，歼灭敌人的有生力量，人民武装得到迅速发展，有些地方游击队、武工队和民兵有几千人，初步形成以粤东、韩东为中心的边区游击根据地。

随着战略形势的转变，中共中央香港分局对闽粤赣边的武装斗争提出了更高的要求，"闽粤赣边区党委必须加强兴五丰梅工作，与饶平打成一片，并巩固韩江河东与闽西南之联系"。

闽粤赣边区党委作了相应部署：边纵主力向韩江西进军，在兴宁、五华、丰顺等地行动，与潮汕部队会合；梅州主力大部结合梅西，以百多人在梅蕉平等地活动，另派小部向汀江上游伸展，争取与闽西连成一片。

1949 年 1 月 1 日，中国人民解放军闽粤赣边纵队正式宣告成立，新华社公开发表《中国人民解放军粤赣湘边、闽粤赣边、桂滇黔边纵队成立宣言》。

同时，中共闽粤赣边区党委制定和公布《闽粤赣边区人民武装打倒蒋介石政府十项主张》。

这不仅使边区广大指战员和地方工作人员有了明确方向，而且对教育团结广大人民、分化瓦解敌人、加速反动政权的崩溃具有重要的作用。

二、开展春季攻势，拔除敌人据点

闽粤赣边纵队正式成立后，梅州支队奉命改编为边纵第一支队。在中共梅州地委领导下，开展了声势浩大的春季攻势。

1949年1月3日，独四大队攻打瑶上乡公所、自卫队，处决自卫队中队长温开云。2月23日，独四大队和程严独立营在梅北武工队以及当地民兵配合下，夜袭石扇乡自卫队，拔除梅北反动据点。3月下旬，独四大队和程严独立营在梅西车子排休整。3月22日，粤保十二团万士学营和梅县县警大队张国光部进犯梅西，独四大队发动松岗崀战斗，石坑、李坑、大坪的区、乡自卫队不攻自破，梅西大片土地获得解放。

1949年1月中旬，独六大队在松东涧田村伏击敌人。1月22日，独六大队配合松口平原武工队在松东介溪口伏击敌人。

1949年2月13日，边纵第一支队二团袭击松源宝坑驻敌，大获成功。宝坑战斗后，中共梅蕉杭武边县委和独七大队、各区武工队在一支二团的配合下，乘胜横扫梅蕉杭武地区的反动武装，半个月内摧毁松源、尧塘、隆文、南礤、北礤5个乡公所和自卫队；3月初又解放蕉岭高思、程官铺，使梅蕉杭武地区连成一片。中共梅州地委机关从桃培迁到松源径口村。4月中旬，中共闽西地委机关和闽西支队也到松源休整。

1949年2月15日，海洋大队在三乡武工队和当地民兵的配合下，攻打三乡自卫队获胜。3月1日凌晨4时，海洋大队在雁洋武工队的配合下，夜袭雁洋乡自卫队，拔除敌人在雁洋的最后据点。

1949 年 3 月 11 日，闽粤赣边纵队司令员刘永生指挥边纵直属第一团，在中共梅兴丰华边县委和独三大队、畲坑区中队以及当地民兵、群众的配合下，攻打梅县重镇畲坑。3 月 15 日，独三大队和梅南区中队再次配合边纵直属第一团攻打长沙圩。3 月 18 日，荷泗区中队主动出击，摧毁敌扶大乡公所和自卫队。4 月 9 日，在中共梅兴丰华边县委的策动下，水白自卫中队全体官兵起义。

1949 年 3 月 18 日，独十大队在金盘武工队的配合下，摧毁金盘乡公所和自卫队。

三、松源区人民民主政府的建立

根据中共闽粤赣边区党委的指示精神，闽粤赣边区人民武装发起春季攻势，取得系列重大胜利。边纵第一支队二团在取得宝坑歼敌战胜利的基础上，乘胜横扫各区、乡公所及其自卫队，以松源为中心的一大片地区获得解放，具备成立人民民主政权的条件。中共梅州地委和中共梅蕉杭武边县委研究，决定在松源建立人民政权。1949 年 3 月 8 日，松源区人民民主政府在松源圩新南市正式挂牌成立。

松源区人民民主政府是解放战争时期梅州地区建立的第一个人民政权，以独七大队政治处的名义任命王立俊为区长，黄桐为指导员，设文书、财粮、民政、总务、文教、治安、妇联等，以松源武工队为基础建立区武装中队。松源区人民民主政府的建立，彰显了闽粤赣边区人民革命力量的迅猛发展，表明了梅州地区乃至闽粤赣边区即将全面解放，对整个闽粤赣边区都具有重大的影响。

四、梅县的全面解放

1949年4月21日，毛泽东、朱德发布《向全国进军的命令》，解放军强渡长江，粉碎国民党反动派划江而治的幻想。据守广东的薛岳、余汉谋仍负隅顽抗。此时，闽粤赣边区人民武装在春季攻势中取得系列重大胜利。中共闽粤赣边区党委、中共梅州地委也加强对敌军政人员的分化、瓦解和策动起义工作。

粤保安第十二团组建于1948年1月，全团3个营15个连，共有2000多人，全部配备美式装备，是国民党在梅县的主要驻军，亦是梅州地区的主力部队。争取粤保安第十二团起义，对改变梅州敌我形势，全面解放梅州地区有着重要意义。

1949年3月上旬，闽粤赣边纵政治部在《关于形势问题的指示》中指出："对敌人的武装部队、政权机关、各阶层人士展开政治攻势，借以瓦解和独立敌人，特别着重敌人武装部队中展开攻势，争取其消极、中立逃跑，起义或和平改编。"3月10日，刘永生、魏金水以闽粤赣边纵队司令员和政治委员的名义，给粤保安第十二团团长刘永图和副团长魏汉新写信，动员他们和平起义。4月初，中共中央华南分局把国民党第九战区兵站参谋长、湖南省公路局长魏汉新的族叔魏鉴贤愿意回梅县策动粤保安第十二团起义的情况通知中共闽粤赣边区党委，要求边区党委迅速派人与其联系。1949年4月上旬，边区党委派王维到中共梅州地委加强领导。4月中旬，边区党委派边区财委副主任陈明到梅埔丰边约见魏鉴贤，了解策动粤保安第十二团起义的情况。4月23日，陈明与魏鉴贤在大埔英雅会晤，得知粤保安第十二团起义的态度不明朗。5月2日，边纵司令部发布命令，进一步敦促国民党军政人员起义立功。5月7日，边区党委再次派陈明随带《国内和平协定（最后修正案）》《向全国进军命令》《闽粤赣边纵司令部命令》到英雅与魏鉴贤、魏汉新进行和谈。同时，中共梅州地委书记廖伟、副书记陈仲平也研究部署策动粤保安第十二团起义的工作。此外，边区党委和中共梅州地委还通过民主人士杨凡做国民党梅县县长张君燮和粤保安第十二团三营营长孔昭泉的工作，为促成起义作出积极的贡献。

5月17日，粤保安第十二团团长魏汉新联合国民党梅县县长张君燮，以召集"梅县各界反共戡乱大会"为名，把城内各机关、团体负责人和职员集中在县政府礼堂，魏汉新宣布：自即日起脱离国民党政府，实行和平起义，接受中国共产党和人民解放军领导。梅城实现和平解放。

至此，梅县城乡全面解放。

五、接管城市，建立人民政权

粤保安第十二团和国民党梅县政府宣布起义后，中共梅州地委决定：部队和工作人员暂不进城，只派代表与粤保安第十二团联系，接收国民党《中山日报》报社和印刷厂，宣传解放战争形势和党的政策。

5月22日，第一支队独立营和独三大队进入梅城接管。24日成立梅县军事管制委员会（简称县军管会），下设秘书科、民政司法科、财粮科、文教科、公安科、社会科、交通科、卫生科、税捐稽征处和新闻出版处，分别具体执行各项接收工作。与此同时，中共梅州地委决定由中共梅州地委副书记陈仲平兼任梅县县长。

1949年6月初，中共梅县委员会成立。6月8日，第一支队独立营以及海洋大队、独三大队一部合编为第一支队第五团，驻守梅县。6月10日，中共梅州地委决定撤销各边县，按旧行政区划建县，分别成立各县县委和梅县人民民主政府。6月11日，梅县人民民主政府正式挂牌，下设秘书室、民政科、财粮科、组织科、建设科、文教科和公安局。全县划分为27个区（1949年11月，黄金、砂胜、大龙华3个区划归丰顺县辖）。6月13日上午，梅县各界人士在梅城东较场举行盛大集会，庆祝粤东解放暨梅县人民民主政府成立。1949年7月，《梅县区、市、村政府临时组织大纲》公布，基层政权建设规范化。

县军管会和县政府广泛宣传党的各项政策，动员各阶层人士，支援前线，肃清匪特，维护社会治安，安定社会秩序；同时，领导群众搞好生产度荒，筹集资金，保证军队和行政经费供给，发布《肃清残余反革命，巩固革命秩序》《梅县人民民主政府减租减息暂行条例》《关于限期垦荒造林》等布告。

县长陈仲平还专门召开两次旧职人员会议，阐述党的政策和当前的革命形势，解除他们的思想顾虑。为了做好统战工作，县政府还于6月下旬召开民主人士联谊社筹委会，推选杨凡等11人为委员，杨凡为召集人。

此外，县军管会成立新闻处，负责审查登记梅城出版的所有报刊，向新闻单位提供有关重要新闻稿件。

在县军管会接管梅县城的同时，中共梅州地委也由梅城南郊迁入城内济园，直接领导和参与梅县城的接管。

地委机关报《人民报》接收国民党《中山日报》后，7月1日与边区党委、华南分局机关报合并改成边区党委机关报《大众报》。

中共梅州地委还成立梅州文教会，负责接收部分学校和研究开展新民主主义教育事业。

1949年6月下旬，中共中央华南分局机关从香港迁至梅县城南郊，中共闽粤赣边区党委机关也从大埔迁来与之会合，梅县成为华南各级党、政、军机关集中的地方。

华南分局号召要以梅县为中心，把东江、韩江连成一片，作为解放华南的总基地，《大众报》在7月1日创刊号上发表华南分局书记方方的专题社论。

至此，接管工作胜利完成，各级人民民主政权均已建立。

六、抗击胡琏窜扰，保卫新生政权

1949年7月初，国民党胡琏兵团逃窜到梅县，梅县军民迅速开展各种形式的斗争。胡琏兵团是国民党第十二兵团副司令胡琏于1949年2月在江西拼凑起来的，司令胡琏，副司令兼参谋长柯远芬（梅县人），下辖第十、第十八两个军共4个师，约1.5万人。

中共华南分局、中共闽粤赣边区党委和中共梅州地委指出，胡琏兵团南窜粤东和闽西，是华南解放前夕的一场残酷的斗争，边纵各部队应在地方团队、武工队和广大民兵配合下，依托农村开展游击战，保卫家乡，保卫夏收，部署边纵主力在丰北、埔南地区控制韩江，依托有利地形伺机歼敌。

鉴于驻梅县部队只有第一支队第五团，中共梅州地委决定：非武装人员多的单位先期撤出梅城向山区转移。1949年7月4日，中共华南分局、中共闽粤赣边区党委等党政机关均有秩序撤向山区，中共梅州地委和中共梅县县委、县政府尚留城内。7月5日，胡琏兵团从平远石正窜扰梅县梅西，中共梅州地委决定由第一支队第五团前往大坪、梅西阻敌。7月6日，胡琏兵团乔装成解放军从西门、义化路向中共梅县县委、县政府发动袭击，五团即与敌人展开巷战，掩护县委、县政府机关安全撤出梅城。7月上旬，中共梅州地委决定：保留各县建制，恢复战时各边县领导体系，以便独立自主组织发动广大军民开展抗击胡琏兵团的游击战争。7月12日，中共梅县县委宣传部发出《关于目前宣传要点的指示》，要求迅速组织起来，广泛开展各种形式的对敌斗争。

　　8月中下旬，解放军南下大军直逼兴梅，胡琏兵团开始向潮汕夺海出逃，窜扰梅县之敌也分别向松口、畲坑沿江重镇集结，准备沿梅江河和梅汕公路南窜潮汕。9月上中旬间，第一支队第五团在畲坑袭击胡琏军，毙敌骑兵营长1人、士兵4人、战马十多匹。9月中旬，边纵第一、二、七团从江西会昌挥师南返，消灭盘踞在松口、畲坑之敌。9月22日凌晨，边纵直属第一、二团包围松口之敌，敌逃丙村。23日，边纵直属第一、七团将松口之敌陈英杰团500余人消灭。30日，边纵直属第一、七团在第一支队第二团、第五团的配合下，在畲坑歼灭胡琏军七十二团钟志群加强营。至此，梅县境内胡琏兵团全部溃逃，梅县城乡全面收复。

后　记

　　经过一段时期的努力，《广东中央苏区梅县革命简史》终于成书出版，与读者见面了。这是宣传梅县苏区历史、传承红色基因、弘扬红色文化中的一件可喜之事，是献给中国共产党成立100周年、中央苏区成立90周年的一份礼物。

　　为深入学习贯彻习近平总书记关于传承红色基因、弘扬革命精神的重要论述，贯彻落实全省老区苏区振兴发展工作现场会议精神，促进广东省红色文化资源的挖掘整理和保护利用，展示红色精神的恒久魅力，中共广东省委党史研究室决定编纂《广东中央苏区革命简史》丛书系列。接到编写任务和要求后，我室即确定主要撰稿人员，以《中国共产党梅县地方史·第一卷（1919—1949）》为基础，由连焕荣负责撰写党的创建与大革命时期、全面抗日战争时期和解放战争时期的革命简史；林柿华负责撰写土地革命战争时期的革命简史。通过查阅《中国共产党梅县地方史·第一卷（1919—1949）》《东江革命根据地梅埔丰苏区史料汇编》《中国共产党广东省梅县组织史资料（1925—1988）》《广东工农革命军第十团资料汇编》《红四军来梅资料汇编》《老区情怀》《九龙烽火》《松溪烽火》《红色烽火》《梅县丙村人民革命斗争史》《梅县西阳白宫革命史》《梅州市梅县区革命老区发展史》等书，以及申报中央苏区材料和有关历史档案资料，从中挖掘收集了一些有价值史料，参考有关历史书籍，经比对核实后加以充实，写入此书，充实了梅县苏区土地革命运动、融入中央苏区范围过程、配合中央苏区开展反"围剿"斗争、所作历史贡献等史料内容，填补了《中国共产党梅县地方史·第一卷（1919—1949）》中土地革命战争时期革命斗争历史记述时的一些缺漏和不足，力求全面、忠实呈现当年梅县苏区真实革命斗争历史。党的创建与大革命时期、全面抗日战争时期和解放战争时期革命简史的撰写，以《中国共产党梅县地方史·第一卷（1919—1949）》内容为本，通过精简、压缩、整理，对原书中一些节、目内容进行整合。秉承求实精神，撰写时对《中国共产党梅县地方史·第一卷（1919—1949）》中个别记述欠全欠妥的作了补充修正。初稿撰写完成后，曾进行几次修改补充，最后送中共广东省委党史研究室和中共梅州市委党史研究室审定后才出版。

《广东中央苏区梅县革命简史》是在《中国共产党梅县地方史·第一卷（1919—1949）》基础上，对梅县苏区历史进一步深化研究的成果。该书在撰写成书过程中，得到中共广东省委党史研究室、中共梅州市委党史研究室有关领导和专家的指导，得到中共梅县区委、梅州市梅县区人民政府和一些老同志的支持帮助，在此谨表谢意。

由于水平有限，历史久远，资料不够全面，难免会有疏漏和不足之处，请广大读者批评指正。

编　者

2021 年 3 月